Prof. Dr. Kurt Tepperwein

1001 Schlüssel zum Glück

Besuchen Sie uns im Internet:
www.tepperwein.at

Verlag:
Tepperwein Collection, E-Mail: info@tepperwein.at, Internet: www.tepperwein.at

© 2005 by Tepperwein Collection

ISBN 3-908172-03-9

1. Auflage 2005

Printed in Germany

Druck und Bindearbeiten: Ebner & Spiegel, Ulm

INHALTSVERZEICHNIS

ZUR EINFÜHRUNG

Dieses Universum ist die Bühne für das einmalige und faszinierende Schauspiel, das wir Leben nennen und es lädt SIE ein, darin die Hauptrolle zu spielen. Dabei haben Sie in jedem Augenblick die Wahl, das Spiel neu zu bestimmen und alles, aber wirklich alles ist möglich. Es gibt so viele mögliche Spiele, wie es Spieler gibt und jeder spielt das Spiel des Lebens anders. Und doch gibt es auch eine Gemeinsamkeit. Bewusst oder unbewusst versuchen alle glücklich zu werden. Aber man muss auch Talent für das Glück haben, oder erwerben, denn Glück kann man anziehen, oder auch zuverlässig verhindern.

Mit dem Eintritt in dieses Leben haben wir bereits eine erste Wahl getroffen, zu welchen Eltern wir kommen, in welches Land, in welches soziale und wirtschaftliche Umfeld. Alles Faktoren, die schon einen beachtlichen Einfluss auf unser Glück haben können. Wir bekommen auch einen »Glücks-Vorschuss« durch unsere Fähigkeiten und Anlagen mit auf den Weg, aber es kommt wiederum entscheidend darauf an, was wir aus diesem Kapital machen. Da spielt z.B. die eigene Identifikation eine Rolle, ob ich mich als Glückskind, oder Pechvogel sehe und indem ich das glaube, verursache ich es dadurch und erlebe es auch so.

Glück ist außerdem eine Definitionsfrage. Hans im Glück war erst wirklich glücklich, als er alles verloren hatte. Manche glauben auch, dass Glück oder Pech vorbestimmt ist und auch dieser Glaube wird zur Ursache. Die Vorbestimmung entsteht durch den Glauben an die Vorbestimmung. Auch die Zeitqualität spielt eine große Rolle, ob ich ein Gespür habe, für die »Gunst der Stunde« und die dann auch nutze, wenn ich sie erkenne und nicht ungenutzt vorüber gehen lasse. Denn Chancen im Leben gehen nicht verloren, sie gehen nur vorüber, bis sie ein anderer ergreift.

Jeder findet sein Glück woanders. Der Eine vor dem Traualtar, der Andere vor dem Scheidungsrichter. Glück ist immer ein Maßanzug und es kommt immer zur rechten Zeit, in der richtigen Form zum Richtigen, aber ich sollte auch DA sein, wenn es kommt. »Gestern war das Glück bei mir, aber ich war unterwegs, Glück suchen!«

Glück muss auch nicht immer Glück bringen, wovon viele Lottomillionäre ein Lied singen können.

Aber es gibt eine Form des Glücks, die alle gleichermaßen als Glück empfinden, das ist zu lieben und geliebt zu werden. Wobei sich viele mehr für den Teil der Liebe interessieren, den sie bekommen, dabei verursacht das, was ich gebe, erst das, was ich bekomme. Es können mitunter die glücklichsten Umstände herrschen, ohne dass man glücklich ist und umgekehrt kann man ohne erkennbaren Grund, oder sogar unter schwierigsten Umständen auf einmal von einem Glücksgefühl übermannt werden.

Oft machen wir unser Glück auch von etwas oder jemandem abhängig. Wenn das dann nicht geschieht, oder der Andere mich nicht mag, oder mich mochte, aber dann seine Zuneigung entzieht, oder stirbt, dann geht mit ihm mein Glück, aber das ist natürlich nur eine subjektive Einstellung und hat mit Wirklichkeit nichts zu tun. In Wirklichkeit ist es ein Glück zu leben und alles was geschieht, ist ein zusätzliches Geschenk. Mitunter wird erst durch ein Unglück das eigentliche Glück möglich. Auch die Schwingung, in der ich bin, begünstigt, oder verhindert Glück.

Jeder hat auch eine bestimmte Lebensabsicht und die schreibt einen bestimmten Weg vor. Aber innerhalb dieses Weges kann jeder frei entscheiden, mit welchen Schritten und in welcher Geschwindigkeit er diesen vorbestimmten Weg geht und ob überhaupt. Glücklich werden kann ich nur, wenn ich mit mir im Einklang bin. Zum Glück gehört daher auch, seiner Intuition zu folgen und so zur rechten Zeit am rechten Ort zu sein, um dort das Richtige zu tun.

Wenn Glück ein innerer Zustand ist und unabhängig von äußeren Ereignissen und Umständen, dann sollte es auch möglich sein, diesen Zustand jederzeit herzustellen, oder zumindest zu begünstigen. Zum Glück gehört also auch, dass man nicht an sich selbst vorbei lebt. Und natürlich ist Glück eine Einstellungssache. Wenn ich die Treppe hinunterstürze und mir ein Bein breche, dann ist das für den Einen ein großes Unglück und der Andere ist glücklich, dass er sich dabei nicht das Genick gebrochen hat. Wenn man ein schweres Leben hatte und die schwierigen Zeiten sind vorbei, dann kann es schon ein Glück sein, dass nichts mehr passiert, dass die Sonne morgens aufgeht, dass die Vögel zwitschern, dass man etwas zu essen hat und plötzlich wird ALLES zum Glück. Wenn man einen geliebten Menschen verliert, dann kann das dem Einen alles Glück rauben und der Andere ist glücklich und dankbar für die schöne Zeit, die man miteinander hatte. Und sollten Sie zuwenig Zeit haben für das Glück, machen Sie sich bewusst, als Gott die Zeit schuf, machte er genug davon. Es ist höchste Zeit, dass Sie anfangen, sich Zeit zu nehmen, für Ihr ganz persönliches Glück!

Mit einem Ratschlag ist das so eine Sache!
Ein Rat ist etwas, was die Weisen nicht brauchen
und die Dummen nicht annehmen.

1001 Schlüssel zum Glück

Achtsamkeit als Weg zum Glück

Glück entsteht oft durch Aufmerksamkeit in kleinen Dingen, Unglück oft durch Vernachlässigung kleiner Dinge. Tatsächlich übersehen wir so manches Glück, wenn wir unachtsam sind. Achtsamkeit ist wie ein Tor, durch das Sie jederzeit in ein völlig neues Leben treten können. Probieren Sie es doch gleich einmal aus, indem Sie dem Anderen eine kleine Aufmerksamkeit erweisen, ihm vielleicht ein Geschenk machen, das muss nichts kosten, schenken Sie ihm etwas Zeit, hören Sie ihm zu, ermutigen Sie ihn zu einem Schritt. Helfen Sie ihm, seinen Weg zu finden, seine Chancen zu erkennen. Öffnen Sie Ihr Herz und wenden Sie sich ihm einen Augenblick ganz zu. Wenn Sie achtsam sind, werden Sie erkennen, dass SIE dabei der BESCHENKTE sind. Sie machen sich eine Freude, indem Sie anderen eine Freude machen und so wird die Achtsamkeit zu einer neuen Möglichkeit, den »Weg der Freude« zu gehen. Auch das Glück in der Partnerschaft besteht aus vielen kleinen Aufmerksamkeiten!

Aladins Wunderlampe

In diesem orientalischen Märchen wird uns das Wunder der eigenen Größe offenbart, denn die alte Lampe ist das Symbol für das »Innere Licht der Erleuchtung«. Sobald ALADIN die Lampe reibt, also das innere Licht leuchten lässt, kehrt er zurück in die vergessene Allmacht. Der GEIST erwacht, er kommt »zu Bewusstsein« und erinnert sich wieder wer er wirklich ist.

Auch sein Name ist eine Botschaft. Al oder El heißt Gott und Adin heißt Geschöpf. Wir alle sind Geschöpfe Gottes, geschaffen nach seinem Ebenbild, ungetrennte Teile des Einen.

Der geistige Riese ist immer zur Stelle, sobald Aladin die Lampe reibt, sobald er also zu Bewusstsein kommt und so sein inneres Licht leuchten lässt. Und der Geist ist allmächtig, denn Allmacht ist unser geistiges Erbe und sobald wir wieder zu Bewusstsein kommen, sind wir wieder »in der Vollmacht«. Wir brauchen nicht wünschen, hoffen, sondern können Zukunft nach Belieben »manifestieren«.

Im Märchen erfährt das scheinbar schwache Menschlein, welche Macht es in sich trägt, von der es bisher nichts ahnte.

Aber im Märchen muss auch dem Riesen gesagt werden, was er tun soll. Das heißt, die Macht greift von sich aus nicht ein.

Wir müssen bewusst wählen und in der Gewissheit der Erfüllung sein. Wie es in der Bibel heißt: »Einem JEDEN geschieht nach seinem Glauben.« Ohne diese bewusste Wahl bleibt die Macht ein schlafender Riese.

Jesus hat auch gesagt: »Ihr sollt euer Licht nicht unter den Scheffel stellen.« Das heißt auch, die falsche Bescheidenheit loslassen und zur eigenen Größe erwachen.

Das Ärgern verlernen

Ein entscheidender Schritt zum Glück kann sein, sich nicht mehr zu ärgern. Obwohl nur wenige Menschen sich nicht ärgern, zeigt das, dass es geht. Ganz gleich, was der Anlass des Ärgers war, das Ergebnis ist immer gleich. Die Gesundheit wird durch den täglichen Ärger stark belastet, Krankheiten geradezu herausgefordert und das, worüber man sich geärgert hat, ist danach unverändert, man könnte sich gleich wieder ärgern.

Ärger ändert keine Situation und ist eine Angewohnheit, die nur Nachteile hat. Je häufiger und intensiver Ärger erlebt wird, desto schlechter ist Ihr Gesundheitszustand. Dabei sind es gerade die kleinen Ärgernisse, die eine große Wirkung auf unser Befinden und unsere Laune haben.

Die Menschen meinen aber, sie »MÜSSTEN« sich unter bestimmten Umständen ärgern. In Wirklichkeit hat niemand auf der Welt die Macht, Sie zu ärgern. Denn das können nur Sie und nur Sie selbst können es auch lassen, jederzeit, z.B. JETZT!

Lassen Sie das Ärgern los, durch die Kenntnis, dass Ärger alles nur noch ärger macht. Machen Sie sich bewusst, wie Sie sich in Zukunft in einer ärgerlichen Situation verhalten wollen und TUN Sie es und genießen Sie Ihr Leben.

Freuen Sie sich am Alltäglichen

Sie können das faszinierendste Leben haben und die günstigsten Umstände erleben, wenn Sie sich daran nicht erfreuen, war alles vergeblich. Umgekehrt braucht gar nichts Besonderes zu passieren, wenn Sie das Alltägliche genießen, haben Sie ein er-

Wir sind auf jede Überraschung vorbereitet,
nur die alltäglichen Dinge brechen über uns herein
wie Katastrophen.

fülltes Leben. Wieder einmal zeigt sich, dass nicht wichtig ist, was geschieht, sondern wie sehr Sie sich daran erfreuen. Lernen Sie die Kunst, sich an allem, aber wirklich an allem zu erfreuen. Sie können aus allem eine Pflicht machen, Arbeit, eine Notwendigkeit, oder alles wird zu einem Grund zur Freude. Nicht das was geschieht ist entscheidend, sondern was SIE daraus machen, wie Sie mit dem Alltäglichen umgehen. Nehmen Sie doch gleich etwas ganz alltägliches, trinken Sie ein Glas Wasser, aber tun Sie es in einem ganz besonderen Bewusstsein. Machen Sie schon den Griff zum Glas zu etwas Besonderem. Dann das Einschenken und der erste Schluck. Das Wegstellen des Glases, sogar das Spülen kann etwas ganz Besonderes sein. Nehmen Sie nur einmal ein Buch aus dem Regal, schlagen Sie eine Seite auf und lesen Sie nur einen Satz. Stellen Sie das Buch wieder zurück und machen Sie sich bewusst, was dieser eine Satz für eine tiefere Bedeutung für Sie und Ihr Leben haben könnte. Wenn Sie geübter sind, machen Sie einmal etwas Unangenehmes, in dem Bewusstsein des Besonderen und es kann zu einem erfüllenden Abenteuer werden. Wenn etwas Unangenehmes zu tun ist, tun Sie es sofort, aber in diesem besonderen Bewusstsein und es hört auf unangenehm zu sein. Plötzlich gehen Sie wie Alice im Wunderland durch ein ganz neues, faszinierendes Leben. Nichts hat sich geändert und doch ist plötzlich alles ganz anders. Das Geheimnis ist, SIE haben sich geändert und damit ändert sich alles.

Nie mehr »arbeiten«

Wenn Ihre derzeitige Tätigkeit für Sie Arbeit ist, dann haben Sie noch nicht den optimalen Weg gefunden. Arbeit ist alles, was man z.B. für Geld tut. Wenn Sie noch arbeiten, um Geld zu verdienen, dann »arbeiten« Sie wirklich noch und das sollten Sie so schnell wie möglich ändern. Denn Ihre Tätigkeit sollte soviel Freude machen, dass das Geld nur eine angenehme Nebenwirkung ist und Sie das tun, was Sie tun, weil es Ihnen Freude macht und Sie sich jeden Abend schon darauf freuen, am nächsten Tag wieder weitermachen zu können. Wenn etwas reine Freude ist, können Sie es ja nun wirklich nicht mehr Arbeit nennen. Also hören Sie möglichst schnell auf zu arbeiten und wann immer Sie sich wieder einmal dabei erwischen, zu »arbeiten« – lassen Sie sofort alles fallen, kommen zur Vernunft und kehren zurück, auf den Weg der Freude. Wenn Sie so der Freude folgen, dann haben Sie »bezahlten Urlaub für immer«. Denn wie im Urlaub machen Sie das, was Ihnen ohnehin am meisten Freude macht und bekommen auch noch Geld dafür, dass Sie sich gefreut haben. Und wenn Sie schon dabei sind, entfernen Sie jedes »MUSS« aus Ihrem Leben, niemand muss »MÜSSEN«. Natürlich sollten Sie für Ihre Familie sorgen, aber wer sagt denn, dass das nicht auch eine Freude sein kann? Schließlich haben Sie irgendwann einmal diesen Partner gewählt. Es war Ihre freie Wahl, also stehen Sie dazu. Erfreuen Sie sich an ihm und seien SIE eine Freude für ihn. Gehen Sie bewusst den »Weg der Freude«.

Richten Sie Ihre Aufmerksamkeit auf das, was sein soll

Wohin Sie Ihre Aufmerksamkeit richten, dahin fließt Ihre Schöpfungskraft. Ziehen Sie daher ganz bewusst Ihre Aufmerksamkeit ab, von den Schwierigkeiten und möglichen Problemen und richten Sie, sie auf das, was sein soll. Halten Sie Ihr Bewusstsein mit ungeteilter Aufmerksamkeit gerichtet auf eine bestimmte Sache, öffnen Sie dabei Ihr Herz und erfüllen Sie das, was sein soll, mit Ihrer ganzen Liebe. Halten Sie Ihr Bewusstsein darauf gerichtet, denn durch Ihr gerichtetes Bewusstsein treten Sie in Verbindung mit der Wirklichkeit hinter dem Schein und Sie beginnen die Dinge wieder so zu sehen, wie sie wirklich sind, während sich Ihr Herz und Ihr Bewusstsein im Einklang befinden.

Sie können so auf Ihre Gesundheit schauen, auf Ihre Partnerschaft, Ihre berufliche Tätigkeit, oder Ihre geistige Entwicklung. Sie können so auf Ihre Vergangenheit schauen, oder auf eine Aufgabe, die vor Ihnen liegt. Gehen Sie einfach hinein in das, was Sie gerade bewegt, in dem unerschütterlichen Glauben an die ideale Lösung jeglicher Situation Ihres Lebens und Sie bekommen soviel Erfüllung wie Sie glauben können. Indem Sie Ihre Aufmerksamkeit auf das richten, was Sie bewegt, setzen Sie die höchste Kraft des Universums in Tätigkeit, damit die natürliche Fülle des Lebens wieder ungehindert in Erscheinung treten kann. Erleben Sie, dass es eine Instanz gibt, der Ihr Wohl am Herzen liegt und die Macht hat, alles in Erscheinung treten zu lassen, was SIE bereit sind anzunehmen. Annehmen heißt auch, hier geistig in Besitz nehmen, sodass es im Außen in Erscheinung treten MUSS. Die Erfüllung wird beschleunigt, indem Sie sich bedanken, BEVOR es scheinbar geschehen ist und dann ist alles, aber auch wirklich ALLES möglich.

Einladung in diesen Augenblick

Ich möchte Sie einmal einladen, mit mir in diesen Augenblick zu kommen. Stellen Sie sich vor, dieser Augenblick sei ein Ort in Ihnen. Schließen Sie die Augen, öffnen Sie die »Tür nach innen« und treten Sie ein, in diesen Augenblick. Suchen Sie sich dort einen schönen Platz und machen Sie es sich ganz bequem. Lassen Sie einfach alles los, was Sie nicht wirklich glücklich macht und spüren Sie, wie Sie sich in sich selbst Wohlfühlen und diesen Augenblick genießen. Machen Sie sich bewusst, wie gut es Ihnen geht – in diesem Augenblick. In diesem Augenblick ist es völlig gleichgültig, ob Sie gesund sind, oder krank, Sie spüren Ihren Körper überhaupt nicht. Es ist als ob Sie gar keinen Körper mehr hätten.

Es ist auch völlig gleichgültig, ob Sie reich sind oder arm, es ist ohne jede Bedeutung. Alle Lebensumstände sind in diesem Augenblick ohne jede Bedeutung, Sie genießen einfach diesen Augenblick und sind ganz Sie selbst. Und wenn Sie wieder einmal sich selbst begegnen und ganz frei sein wollen, dann kommen Sie doch wieder einmal in diesen Augenblick!

Lernen Sie Ihr Glück bewusst auszulösen

Sie können bestimmte Schlüsselworte als Auslöser für ein ganzes Programm im Unterbewusstsein aktivieren, sobald sie installiert sind. Sie haben dann die Wirkung, die Sie damit verbunden haben und sie stehen als TRIGGER abrufbereit zur Verfügung. Es genügt ein Wort, wie z.b.: Ruhe, Sicherheit, Erfolg, Gesundheit, Glück usw.

Sie aktivieren einen solchen Auslöser für eine gewünschte Energie, indem Sie in der Imagination das erwünschte Verhalten, oder Gefühl erleben und dabei an das gewählte Wort denken und vielleicht noch mit einer bestimmten Geste, oder einem kleinen Ritual verbinden, z.b.: Die Faust dabei ballen, die Finger kreuzen, oder sich selbst die Hand geben. Wort und Geste und das erwünschte Verhalten, oder Gefühl werden so zu einer »Informationseinheit«. Sobald Sie das Wort denken, oder sagen, die Geste machen, oder beides zusammen, wird automatisch die damit verbundene Energie aktiviert und Sie beginnen sich so zu fühlen, oder verhalten sich entsprechend. Und jedes Mal, wenn Sie davon Gebrauch machen, verstärkt sich die Wirkung noch mehr. Sie können auf diese Weise beliebig viele »TRIGGER« verankern und bei Bedarf abrufen, sodass Sie damit ein unerwünschtes Verhalten, z.B. Ärger, SOFORT unterbrechen und in ein erwünschtes Verhalten umwandeln können, das wird es Ihnen noch leichter machen, das Leben zu genießen und wirklich glücklich zu sein.

*Manche Menschen würden eher sterben
als nachzudenken. Und sie tun es auch.*

Den Tag optimal beginnen

Schaffen Sie sich ein Ritual stimmigen Erwachens. Beginnen Sie den Tag nicht mit dem Geräusch des Weckers, sondern gehen Sie so früh schlafen, dass Sie von selbst rechtzeitig aufwachen und beginnen Sie den Tag ganz bewusst als Sie selbst, als der, der Sie wirklich sind. Fangen Sie so jeden Tag gleich stimmig an. Lassen Sie Ihren Atem ganz ruhig und gleichmäßig fließen und erwarten Sie, dass es ein ganz besonderer Tag wird. Lassen Sie beim Ausatmen los, was nicht mehr wirklich zu Ihnen gehört und seien Sie sich bewusst, dass Sie ein Schöpfer sind und dass dieser Tag Ihnen nur das bringen kann, was SIE verursachen. Werden Sie selbst zu einer lebenden Ursache für Ihr stimmiges Leben, indem Sie selbst stimmen. Ruhen Sie bewusst in der Geborgenheit des Universums, denn das Leben meint es gut mit Ihnen und Sie können alles haben, alles ist möglich. Dieser Tag ist IHR Tag, den Sie bewusst gestalten. Erleben Sie ihn in heiterer Gelassenheit.

Lernen Sie die Kunst, aus einem ganz normalen Alltag etwas ganz Besonderes zu machen. Erst wenn Sie so ganz im Einklang sind, mit sich und der Welt stehen Sie auf und beginnen einen wunderschönen neuen Tag. Ein Tag, an dem Ihnen alles gelingt, was Sie beginnen und erreichen, was immer Sie erreichen wollen. Seien Sie dankbar für diesen wunderbaren Tag und reihen Sie so einen erfüllten Tag an den anderen, zu einem erfüllten Leben. Und dieser einmalige Tag beginnt genau in DIESEM Augenblick!

Wie man »nichts Besonderes« wird

Ganz gleich, wie die Kindheit war, irgendwann kommen wir zur Schule. Wir geben uns keine besondere Mühe und bekommen keine besonderen Noten, nicht einmal besonders schlechte Noten. Auch wenn wir hoch intelligent sind, bekommen wir ohne besondere Mühe beste Noten und lernen so nie, eine besondere Leistung zu erbringen.

Und weil wir keine besonderen Noten haben, haben wir auch keine besonderen Berufsaussichten und arbeiten so auch nichts Besonderes. Wir freuen uns am Montagmorgen schon auf das Wochenende, obwohl wir auch da nichts Besonderes machen.

Unser ganzes Leben ist eigentlich nichts Besonderes, weil wir dadurch auch kein besonderes Selbstbild haben, die Lebensumstände aber spiegeln unser Selbstbild.

Irgendwann sollten wir diesen Teufelskreis einmal durchbrechen und eine besondere Leistung erbringen und uns damit einen Grund geben, besonders stolz auf uns zu sein.

Wir sollten uns daran erinnern, dass wir schon von Geburt an etwas ganz Besonderes sind, denn wir sind als Gewinner geboren. Indem wir uns daran erinnern, fangen wir an, wieder zu gewinnen.

Zunächst in unserer Phantasie, dann in der Realität und letztlich ständig, indem wir ein anderes Ergebnis nicht mehr akzeptieren. Wir ernähren uns besonders natürlich und schöpfungsgerecht und erleben dadurch ein besonderes Wohlgefühl. Wir bewegen uns wieder regelmäßig, atmen dadurch besser und der Körper antwortet mit einem nochmals gesteigerten Wohlgefühl. Wir handeln so, dass wir Achtung vor uns selbst haben und uns in uns wohl fühlen und so entsteht allmählich ein ganz neues Selbstbild, das Bild eines ganz besonderen Menschen. Wir erinnern uns, dass wir von Natur aus ein ungetrennter Teil des höchsten Bewusstseins sind und bringen das in unserem Sein immer mehr zum Ausdruck und erleben so, dass wir nicht nur etwas ganz Besonderes sind, sondern absolut einmalig. Dadurch erwacht unser Bewusstsein immer mehr, wir kommen immer mehr »zu Bewusstsein«, erkennen die eigene Größe und treten einfach hervor, als der, der wir wirklich sind. Plötzlich ist jeder Augenblick etwas ganz Besonderes und wir leben ein ganz besonderes Leben.

Begeistern Sie sich für etwas

Die meisten Menschen haben keine Freude an dem, was sie tun. Das bedeutet, dass sie den größten Teil ihres Lebens mit etwas verbringen, was sie eigentlich gar nicht wollen und was sie nur tun, weil sie dafür Geld bekommen. Glauben Sie wirklich, dass man mit etwas erfolgreich sein kann, das innerlich abgelehnt wird? Sicher nicht und damit ist die Frustration der Erfolglosigkeit des eigenen TUNS schon vorprogrammiert. Die Erfolgreichen sind vor allem deshalb so erfolgreich, weil sie das lieben, was sie tun. Der Erfolg ist eigentlich nur ein zusätzliches Geschenk.

Wenn das, was Sie derzeit tun, nicht eine Quelle ständiger Freude ist, dann stehen Sie am falschen Platz und das sollten Sie umgehend ändern. Und wenn das nicht möglich, oder nicht sinnvoll sein sollte, dann ändern Sie Ihre Einstellung zu Ihrem Tun. Lieben Sie es, tun Sie es begeistert und es wird Sie begeistern. Schaffen Sie sich so oder so eine Tätigkeit, die

Viele Menschen leiden an ihrem sinnlosen Leben.
Andere sind immer auf der Suche nach dem Sinn
des Lebens. Suchen Sie nicht nach dem Sinn des
Lebens, geben sie ihm einen Sinn!

Sie täglich aufs Neue begeistert und lassen Sie sich von dieser Begeisterung ans Ziel tragen. Tun Sie es einfach so gut, dass es Sie und andere begeistert. Werden Sie ein Experte auf Ihrem Lieblingsgebiet und lassen Sie sich fürstlich dafür bezahlen, das zu tun, was Ihnen ohnehin am meisten Freude macht. Erfüllen Sie Ihr Leben mit einer Tätigkeit, die Sie wirklich begeistert und auf die Sie sich jeden Tag aufs Neue freuen. Etwas, das Sie wirklich glücklich macht.

Vom Beruf zur Berufung

Wirklich glücklich werden kann ich nur, wenn ich meiner Berufung folge und wie die »Weisheit der Sprache« schon zeigt, ist darin das Wort »Ruf« enthalten. Wenn Sie einmal innehalten und nach innen lauschen, erinnern Sie sich wieder an Ihre Lebensabsicht. Wenn das nicht gleich gelingt, gehen Sie doch einfach den »Weg der Freude«.

Machen Sie sich bewusst, welche Tätigkeit Ihnen die größte Freude macht. Was Sie am liebsten den ganzen Tag tun möchten. Denn unsere wahre Berufung ist immer verbunden mit der Freude. Und so finden Sie vom Beruf über die Berufung letztlich zur Erfüllung. Und natürlich können Sie eine solche Tätigkeit auch nicht mehr ARBEIT nennen. Sie haben dann »bezahlten Urlaub für immer« und der Arbeitsplatz wird von der Einkommensquelle zum Ort der Selbstverwirklichung, an dem Sie Ihre Grenzen finden – und überschreiten. Und so immer mehr die Grenzenlosigkeit Ihres WAHREN SEINS entdecken. Wenn Sie Ihrem Herzen folgen, können Sie das Glück nicht mehr verfehlen.

So senken Sie zuverlässig Ihre Ausgaben

Reich wird man nicht dadurch, dass man mehr verdient, sondern nur dadurch, dass man weniger ausgibt und damit mehr behält.

Das beste Sparprogramm ist ein »Kosten-Sparprogramm«.

Lassen Sie sich von einem unabhängigen Experten ein maßgeschneidertes Kostensparprogramm machen.

Sie sparen so allein bei Ihren Versicherungen im Durchschnitt 35%. Weitere Einsparungen bei Autokauf und Baufinanzierung.

Lernen Sie intelligent zu telefonieren.

Die richtige Lebensversicherung bringt Ihnen einen doppelten Ertrag. Das allein schafft im Laufe der Zeit ein Vermögen.

Sparen Sie täglich das Kleingeld in Ihren Taschen.

Das allein, konsequent durchgeführt, schafft Ihnen ein Vermögen, ohne dass Sie es merken.

Die wirkungsvollste Sparmaßnahme ist ein Zettel im Portemonnaie: »Muss das wirklich sein!«

Wenn Sie € 100,– ausgeben, sind Sie nicht nur um € 100,– ärmer, sondern um € 10.000, die Sie gehabt hätten, wenn Sie die € 100,– angelegt hätten.

Legen Sie sich die richtigen Ausgabengewohnheiten zu.

Machen Sie sich REICH werden zur Gewohnheit.

Gewöhnen Sie sich das Rauchen ab. Allein das schafft im Laufe Ihres Lebens ein Millionenvermögen. Den gesundheitlichen Nutzen haben Sie gratis dazu und statistisch leben Sie dann 8 Jahre länger, um sich an Ihrem Wohlstand zu erfreuen.

Wählen Sie Ihr Auto eine Nummer kleiner, kaufen Sie es gebraucht und sparen Sie die Differenz. Auch das schafft ein Vermögen.

Auch Bewegung gehört zum Glück

Ruhe ist ein wichtiger Bestandteil eines harmonischen Lebens, aber fast noch wichtiger ist ausreichende Bewegung, denn unsere einseitige, meist sitzende Lebensweise führt zu mangelnder Durchblutung, Energieblockaden und geistiger Trägheit.

Regelmäßige Bewegung stärkt das Nervensystem und hebt die allgemeine Verfassung. Besonders hilfreich, Bewegung die den Atem beschleunigt und vertieft, also jedes gleichmäßige Ausdauertraining, wie Rad fahren, schnelles Gehen und Schilanglauf. Die Verbesserung der Sauerstoffaufnahme führt nicht nur zur Gesundheit des Kreislaufsystems, sonders ist das beste Mittel zur körperlichen Entgiftung.

Die Bewegung ist der Basisbaustein zur Gesundheit. Wir kommen mit 100% Organfunktion auf die Welt. Wir können bis zu 70% davon verlieren und merken noch nichts. Dann aber wird es plötzlich spürbar und dann ist es zu spät! Ab dann beginnt der Leidensdruck.

Mit viel Mühe können Sie vielleicht noch einmal 20% zurückbekommen und trotzdem nur als halber Mensch leben. Warten Sie nicht solange, fangen Sie HEUTE an das NOTWENDIGE zu tun.

Eine ideale Form der Bewegung ist Power-Walking, ein schnelles Gehen, das den Vorteil hat, dass man alles was man dazu benötigt überall bei sich hat. Durch regelmäßige Bewegung können die meisten Alterserscheinungen verhindert werden. Bewegung und Fitness können zu einem gesunden Vergnügen werden, wobei 3 bis 4 mal wöchentlich eine halbe Stunde ausreicht. Richtige Bewegung kann ganz schön glücklich machen.

So bleibt Ihre Beziehung spannend

Fangen Sie an, aus einem ganz gewöhnlichen Tag etwas ganz Besonderes zu machen. Überraschen Sie Ihren Partner mit einem Ausflug ins Blaue. Entführen Sie ihn in ein Museum, oder in ein romantisches Hotel und erleben Sie dort ein Verwöhnwochenende, aber verraten Sie vorher nicht, wohin es geht. Beschenken Sie den Partner ganz ohne Anlass. Hören Sie zu, wenn er von seinen Wünschen und Träumen spricht und bringen Sie ihm etwas mit, über das er sich sicher freut und überhaupt nicht damit rechnet. Schaffen Sie sich ein gemeinsames Hobby, das Ihnen beiden Freude macht. Machen Sie wöchentlich mindestens einmal gemeinsam Sport, besuchen Sie gemeinsam eine Ausstellung, oder gehen auf einen Flohmarkt. Schreiben Sie einander Liebesbotschaften. Stecken Sie dem Partner einen kleinen Zettel in die Jackentasche, an den Spiegel, oder ins Auto, mit den Worten: »Ich drücke Dir die Daumen für Dein heutiges Vorhaben und wünsche Dir einen wunderschönen Tag.« Pflegen Sie kleine Rituale miteinander, die Sie selbst erfinden. Nehmen Sie einander jeden Tag in die Arme und lachen Sie miteinander, zumindest einmal täglich. Gehen Sie immer wieder einmal gemeinsam aus, oder gehen Sie getrennt an den gleichen Ort und begegnen sich dort, als sei es das erste Mal.

Lassen Sie Ihrer Phantasie freien Lauf und finden Sie immer neue Ideen, wie sie die Tage, die sie miteinander verbringen mit noch mehr Lebensqualität erfüllen. Zünden Sie eine Kerze an und danken Sie dem Partner, dass es ihn gibt und dass sie diesen Tag miteinander erleben. Lassen Sie JEDEN Tag mit Ihnen zu einem Geschenk werden.

Das »Du-Spiel« in der Beziehung

In allen Streitgesprächen ist jeder überzeugt, dass er Recht hat. Der Andere ist schuld, warum sieht er das nicht endlich ein, dabei ist doch alles ganz klar, der Andere kann nur nicht logisch denken und dann beginnt das »DU-SPIEL«. Alle Sätze die jetzt folgen, beginnen mit dem Wort DU!

Du kümmerst Dich nicht mehr um mich!

Du lässt mir keine Freiheit!

Du hast kein Vertrauen zu mir!

Du verlangst immer, dass ich ...

Du willst immer Recht behalten!

Du weißt es natürlich wieder besser!

Du liebst mich nicht wirklich, sonst ...

Du solltest endlich einmal einsehen ...

Du solltest Dich einmal sehen, wie Du jetzt aussiehst!

Jeder Gedanke, jedes Gefühl und jede Äußerung bezieht sich nur noch auf den Anderen. Man wirft sich abwechselnd Sätze an den Kopf, die alle mit »Du« beginnen, ganz gleich, was sie sonst noch aussagen.

Du solltest endlich einmal ...

Nie kannst Du mal ...

Du, Du, Du ...

Ein solches Spiel ist nicht nur sinnlos, es ist auch tödlich für die Liebe. Dabei kann man es jederzeit beenden, denn die Lösung liegt nicht beim Anderen, sondern bei mir selbst. Nicht umsonst heißt es: »Wer mit einem Finger auf den Anderen zeigt, zeigt mit drei Fingern auf sich selbst!«

Das Spiel ist sofort zu Ende, wenn ich keinen Satz mehr mit DU beginne, sondern mit »ICH«. Ich bin gekränkt, nicht Du

*Ich soll auf dieser Welt leben. Lasst mich
darum das Gute, das ich tun kann, und jede
Freundlichkeit, die ich einem Menschen
erweisen kann, jetzt und sofort tun.
Lasst mich nichts aufschieben oder vernach-
lässigen, denn ich werde diesen Weg kein
zweites Mal gehen können.*

hast mich gekränkt. Ich bin traurig, enttäuscht, verletzt usw. Hilf mir. Lass uns miteinander einen Weg finden, anstatt nur einen Schuldigen zu suchen. Die Krise des »DU-SPIELS« ist die beste Chance zum wahren Miteinander.

Wie man etwas bekommt, indem man es verschenkt

Wenn Sie etwas haben wollen, müssen Sie es verursachen. Eine leider viel zuwenig verwendete Art etwas Erwünschtes zu verursachen, ist es zu verschenken. Wenn Sie glücklich sein wollen, machen Sie andere glücklich. Wenn Sie erfolgreich sein wollen, helfen Sie anderen, erfolgreich zu sein. Wenn Sie Geld haben wollen, dann schenken Sie anderen Geld.
Ihrem Verstand wird das unsinnig erscheinen, aber in Wirklichkeit zeigen Sie damit, dass Sie es haben, sonst könnten Sie es ja nicht verschenken und was Sie HABEN, MÜSSEN Sie bekommen, das ist ein geistiges Gesetz, auf dessen Wirkung Sie sich verlassen können. Wenn Sie geliebt werden wollen, lieben Sie und Sie können es nicht mehr vermeiden, geliebt zu werden. Die Möglichkeit des Gebens bewirkt in Ihnen die ERFAHRUNG, dass Sie es haben, sonst könnten Sie es ja nicht geben. Sie brauchen sich das so nicht mehr zu beweisen, diese Erfahrung IST der Beweis. Das ist vielleicht das größte Geheimnis, aber um es zu erleben, müssen Sie Ihren Verstand überschreiten, sonst wird er zum Hindernis. In der Bibel heißt dieses Gesetz: »Wer da hat, dem wird gegeben werden, auf dass er die Fülle habe.« Aber kaum jemand hat das wirklich verstanden. Wenn Sie allerdings mit dem Hintergedanken geben, um dadurch zu bekommen, beweisen Sie sich damit, dass Sie NICHT HABEN und bewirken das Gegenteil.

35

Sein »Denkinstrument« wirklich beherrschen

Obwohl wir bisher nur einen geringen Teil unseres geistigen Potentials nutzen, haben wir Großartiges geleistet. Das lässt uns ahnen, was auf uns wartet, wenn wir dieses Potential mehr und mehr in Besitz nehmen und sinnvoll nutzen.

Wir sind weit entfernt, den Höhepunkt unserer Entwicklung erreicht zu haben, ja genau genommen stehen wir noch ganz am Anfang. Ungeahnte Möglichkeiten haben wir noch nicht genutzt, weil wir sie noch gar nicht entdeckt haben. Das Ausmaß der eigenen »latenten Talente« ist weitaus größer als man bisher ahnte. Und doch bleibt die Entdeckung und Nutzung dieser Möglichkeiten dem Einzelnen selbst überlassen, indem sie dieses bisher ungenutzte Potential aktivieren, erschließen sich Ihnen Möglichkeiten von denen die Meisten bisher nicht einmal zu träumen wagten – eine ganz neue Welt.

Zu allen Maschinen und Instrumenten werden Gebrauchsanweisungen und Bedienungsanleitungen mitgeliefert, nur für das komplexeste Instrument, das wir kennen, das menschliche Gehirn, gibt es keine solche Bedienungsanleitung.

Um diese Fähigkeiten zu aktivieren, braucht es keine geheimen Einweihungen, keine entbehrungsreichen Jahre im Himalaya. Sie brauchen nur anzufangen von Ihren Gaben weisen Gebrauch zu machen.

Die drei wichtigsten Dinge IHRES Lebens

Es ist immer wieder überraschend, mit wie vielen interessanten Dingen sich die Menschen beschäftigen, und wie wenig mit dem Interessantesten – mit sich selbst. Wie wenig Sie darauf achten, dass das Leben, das sie führen wirklich ihr Leben ist. Vielleicht prüfen Sie gleich einmal, wie das bei Ihnen aussieht. Machen Sie sich doch einmal bewusst, was die drei wichtigsten Dinge IHRES Lebens sind. Sind sie bereits Teil Ihres Lebens, oder sind es erst Wünsche? Und wenn es Wünsche sind, was hat bisher die Erfüllung verhindert? Sie könnten jetzt beginnen, diese Hindernisse zu beseitigen, damit das, was Ihnen für Ihr Leben wichtig ist, nicht ein Wunsch bleibt, sondern Wirklichkeit wird. Und wenn Sie schon dabei sind, was fehlt noch in Ihrem Leben, um es so richtig erfüllend zu machen? Erkennen und beseitigen Sie auch da die Hindernisse und fangen Sie an, Ihr Traumleben zu schaffen. Lassen Sie alles Unwesentliche los und erfüllen Sie Ihr Leben mit dem für Sie Wesentlichen, sodass Sie immer »stimmiger« leben. Halten Sie Ihr Bewusstsein darauf gerichtet, was für Sie wichtig ist, damit es in Erscheinung treten kann. Und wenn Sie noch unschlüssig sein sollten, machen Sie doch einmal einen kleinen Test. Teilen Sie ein Blatt Papier in vier Rubriken ein: Was tue ich SEHR GERN, was tue ich GERN, was tue ich UNGERN und was SEHR UNGERN. Und dann tragen Sie einmal alles was Ihr Leben so ausmacht in diese vier Rubriken ein. Welche Rubrik ist besonders voll? Und welche kaum vertreten? So erkennen Sie gleich auf einen Blick, in welchen Bereichen sich Ihr Leben abspielt, und können Ihr Leben neu gestalten, sodass es für Sie immer erfüllender und glücklicher wird.

Wenn mich der liebe Gott nach meinem Tode
fragt: »Warum ich denn kein Salomo auf dieser
Welt geworden sei?« Dann sage ich:
»Lieber Gott, dazu war ich zu klein.«
Doch wenn nach meinem Tod der liebe Gott mich
fragt: »Warum ich denn nicht wenigstens ich selbst
wurde?« Was soll dann nur meine Antwort sein?

Ego-Spiele erkennen und beenden

Viele Menschen, die glauben auf dem geistigen Weg zu sein, fangen an, »an sich zu arbeiten« um »vorwärts« zu kommen, wo immer das auch sein mag. Sie legen sich neue, spirituelle Gewohnheiten zu, kämpfen gegen den Schatten in sich und das Böse überhaupt und leben scheinbar ein tugendhaftes Leben.

Sie bereinigen ihr ganzes Leben, ja sogar frühere Inkarnationen, verändern vielleicht sogar ihre ganze Persönlichkeit, ohne sich bewusst zu sein, dass dies alles nur auf der Ego-Ebene stattfindet.

Auf dem Weg der Entdeckung unserer Meisterschaft gibt es nur eine Reihe von ersten Schritten zu tun. Dabei gilt es auch zu erkennen, dass Wissen nur der Trostpreis ist, auf dem Weg zu sich selbst, das mit der Persönlichkeit vergeht, wenn es nicht zur Erkenntnis wird.

In Gesellschaft sprechen wir nur noch über spirituelle Themen, weil uns alles andere nur langweilt. Wir essen nur noch vegetarisch und bei dem Gedanken, dass wir früher so barbarisch waren und Fleisch zu uns nahmen, dreht sich uns fast der Magen um. Wir bewegen uns gemessen, ruhig und ohne Hast und sind freundlich, sodass jeder erkennen kann, wie weit wir schon fortgeschritten sind. Solange wir so nur unser äußeres Verhalten ändern, leben wir kein besseres Leben, nur ein anderes Leben. Auch wenn wir das Licht in uns erleben und emotional »high« sind, oder in höheren Sphären schweben, ist dies nicht ein Zeichen von Fortschritt. Es sind EGO-Spiele und das Ego mag sich einbilden, nun ein spirituelles Ego zu sein, aber es bleibt EGO.

Worauf es wirklich ankommt, ist die Wirklichkeit zu erkennen und das geht nur mit einem immer klareren Bewusstsein. Worum es geht, ist zu erkennen, wie die Dinge wirklich sind, was wirklich geschieht.

Wollen Sie Ihr EGO glücklich machen, oder sich SELBST

Die meisten Menschen folgen ihrem EGO und wundern sich dann, dass Sie SELBST nicht glücklich sind. Irgendwann sollten Sie daher ganz bewusst sich entscheiden. Wenn Sie Ihrem Ego folgen, stehen Sie am Ende des Lebens mit leeren Händen da, vor allem mit leerem Herzen. Also sollte die Entscheidung eigentlich klar sein, aber was heißt das, mich selbst glücklich machen? Das heißt zunächst einmal, mir bewusst zu machen, wer ich SELBST eigentlich bin. Dabei erkenne ich zunächst, wer ich NICHT bin. Ich bin nicht der Körper, der Verstand, mein Gefühl, auch nicht mein Unterbewusstsein und schon gar nicht mein Ego. Ich BIN Bewusstsein, ich bin das ewige SEIN, das diesen Körper bewohnt, das DURCH diesen Körper erlebt, was geschieht und das eines Tages diesen Körper verlassen wird, wenn er nicht länger ein brauchbares Werkzeug ist, oder wenn ich selbst meine Lebensabsicht erfüllt habe. Wenn Sie das Leben von diesem Standpunkt aus betrachten, dann ergibt sich von selbst, was zu tun ist, um sich SELBST glücklich zu machen. Dann wird Besitz, Macht, Anerkennung unwichtig. Was dann zählt ist Erfüllung, Weisheit und Liebe. Dann zählt das, was in diesem Augenblick »stimmt«. Dann zählt nur noch, zu leben im Ein-Klang mit sich selbst und dem Leben.

Vom Umgang mit der Eifersucht

Der Volksmund sagt: »Eifersucht ist eine Leidenschaft, die mit Eifer sucht – was Leiden schafft« und damit hat er vollkommen recht. Das heißt, dass wir uns mit der Eifersucht selbst das Leben schwer machen. Aber die Eifersucht ist, wie eine Krankheit, eine Botschaft und ein Hinweis auf eine zu beseitigende Fehlhaltung, hier die Illusion, den Anderen »besitzen« zu wollen und die Angst, diesen »Besitz« zu verlieren. Hier könnte die Erkenntnis helfen: »Was zu mir gehört, das KANN ich nicht verlieren und was nicht, oder nicht mehr zu mir gehört, das kann ich ohnehin nicht halten.« Aber auch die Erkenntnis: »Es kommt immer BESSERES nach!« Jeder hat immer den Partner, der zu seiner derzeitigen Entwicklung optimal passt und jeden mit genau den Lektionen konfrontiert, die derzeit an der Reihe sind und so ist keine Partnerschaft für die Ewigkeit gedacht, sondern hat einen Anfang und was einen Anfang hat, das hat auch ein Ende. Bei der Eifersucht ist die Lektion auch, mein Selbstwertgefühl zu prüfen und mein Selbstbild nicht mehr abhängig zu machen, von Dingen, die man verlieren kann, von einem scheinbaren Besitz.

Die Eifersucht verschwindet, wenn ich zum Beobachter werde, wenn ich meine Gedanken und Gefühle beobachte, wenn ich mir beim Denken und Fühlen zuschaue, und dabei leicht erkenne, welche Gedanken, welche Gefühle ich hervorrufe – und kann anfangen, Gedanken und Gefühle bewusst zu lenken. Ich bin nicht mehr Opfer und bin nicht meinen Gedanken und Gefühlen ausgeliefert, sondern bestimme bewusst meine Gedanken und Gefühle. Der schönste Weg, die Eifersucht zu besiegen ist meinen Partner an der Hand zu nehmen und GEMEINSAM einen Weg zu finden, wie ich mit meiner Eifersucht umgehen kann, also ein »WIR-Bewusstsein« zu schaffen, keinen Vorwurf mehr zu machen, denn der Andere kann für meine Schwäche nichts.

Achten Sie darauf, mit welchen Gedanken Sie einschlafen

Nehmen Sie Ihre Sorgen nicht mit in den Schlaf, denn dort können sie unkontrolliert Schaden anrichten und eine unerwünschte Zukunft verursachen. Also sollten Sie schon vor dem Schlafengehen etwas Angenehmes und Sinnvolles auswählen, auf das Sie Ihre Gedanken richten. Das kann durchaus auch eine Aufgabe oder ein Vorhaben sein, zu dem Sie sich eine Lösung einfallen lassen wollen, aber es sollte nichts sein, was Sie belastet. Putzen Sie also abends nicht nur die Zähne, sondern reinigen Sie auch Ihre Gedanken, betreiben Sie bewusst »Gedankenhygiene« dann ist der Schlaf nicht nur erholsamer, sondern bereichernd und erfüllend und trägt jede Nacht zu Ihrem Glück bei, denn wer gut schläft, ist nicht nur deutlich glücklicher, er ist auch gesünder und lebt länger.

Fangen Sie gleich heute Abend damit an, Ihre »Einschlafgedanken« bewusst zu wählen und Sie sorgen so dafür, dass ein Drittel Ihres Lebens angenehmer und glücklicher ist. Und wenn Sie schon dabei sind, was ist mit den anderen zwei Dritteln? Sie könnten natürlich auch bewusste Gedankenhygiene betreiben und immer wieder Ihre Gedanken auf die erfreulichen Dinge des Lebens richten, auf das Viele, das in Ihrem Leben in Ordnung ist. Aber auch auf das Wenige, das noch zu verbessern ist, wenn Sie Ihre Aufmerksamkeit ausschließlich auf die Lösung richten und den »erwünschten Endzustand« mit in den Schlaf nehmen und ihn damit in aller Ruhe Gestalt annehmen lassen. Und nach einiger Zeit werden Sie erstaunt feststellen, dass viele unangenehme Dinge erst gar nicht mehr passieren, einfach weil sie nicht mehr in Ihrem Bewusstsein sind und daher nicht verursacht werden.

Die richtige Einstellung

Je länger ich lebe, desto deutlicher wird die Auswirkung der eigenen Einstellung auf mein Leben. Das wird bei Ihnen nicht anders sein. Es sind nicht die Lebensumstände, oder die anderen Menschen, die unser Leben entscheidend prägen, sondern unsere Einstellung schafft erst die Umstände. Unsere Einstellung entscheidet auch, ob wir ständig mit Schwierigkeiten zu kämpfen haben, oder ob wir die Umstände frohen Herzens genießen. Vielleicht prüfen Sie gleich einmal IHRE Einstellung und machen eine Liste, in der Sie alles notieren, wie SIE das Leben sehen, wie Sie über das Leben denken. Dabei könnte jeder Satz beginnen mit: »Mein Leben ist ...!« Machen Sie diese Liste so umfangreich wie möglich und dann lesen Sie, sie noch einmal sorgfältig durch und machen sich bewusst, dass JEDE Aussage eine Bestellung an das Leben ist und früher oder später auch »geliefert« wird, als Ereignis, Lebensumstand, Zufall oder Begegnung.

Dann machen Sie eine zweite Liste, wie Sie gern über das Leben denken würden, welche Bestellungen Sie aufgeben möchten. Machen Sie sich bewusst, dass es dem Leben völlig gleich

Der Mensch hat dreierlei Wege klug zu handeln:

Erstens durch NACHDENKEN – das ist der Edelste.
Zweitens durch NACHAHMEN – das ist der Leichteste.
Drittens durch ERFAHRUNG – das ist der Bitterste!
Letztlich durch BEWUSST SEIN – das ist das Höchste!

ist, WAS Sie bestellen. Jede Bestellung wird vom Leben ausgeführt, denn das Leben KANN Ihnen keinen Wunsch abschlagen. Also machen Sie die Liste der idealen Bestellungen und nehmen Sie dann jede einzelne Bestellung geistig in Besitz, indem Sie sich in der Erfüllung erleben. Stellen Sie sich vor, das sei bereits geliefert worden und Sie erfreuen sich gerade daran. Erleben Sie so immer neue Situationen, in denen das Ideal sich bereits verwirklicht hat und spüren Sie dabei die Freude und Dankbarkeit, dass es so ist. Damit nehmen Sie das Bestellte »in Besitz« und das Leben kann nicht anders, als alles, was sie so in Besitz genommen haben, baldmöglichst als Realität in Erscheinung treten zu lassen. Fangen Sie mit etwas an, das Sie gerade noch glauben können und erleben Sie, dass es zuverlässig geschieht. Erweitern Sie so die Grenzen Ihres Glaubens, bis wirklich alles möglich ist.

Auch Erfolg kann ganz schön glücklich machen

Es ist nicht leicht, glücklich zu sein, wenn alles schief läuft. Erfolg gehört unverzichtbar zum Leben, wobei Erfolg natürlich viel mehr bedeutet, als Geld, Besitz, und Macht. Zum wahren Erfolg gehört auch Gesundheit, Liebe, die Fähigkeit lachen zu können und sich an seinem Leben auch zu erfreuen. Erfolg gehorcht ganz einfachen Gesetzen und wenn Sie die kennen und befolgen, dann ist der Erfolg nicht mehr aufzuhalten. Wenn Sie also mehr Erfolg haben wollen, dann sollten Sie damit beginnen, mehr Erfolg zu verursachen. Sobald Absicht und Ursache übereinstimmen, ist der Erfolg nicht mehr zu vermeiden. Natürlich sollten Sie an Ihren Erfolg glauben, denn wer lange genug daran glaubt, keinen Erfolg zu haben, der schafft es auch irgendwann einmal tatsächlich. Zum Erfolg gehört auch, sich seine Schwächen einmal bewusst zu machen, sie in Stärken umzuwandeln und seine Stärken dann sinnvoll und erfolgreich einzusetzen.

Das ist die Fähigkeit, sich seine Wünsche zu erfüllen, aus jeder Lebenssituation das zu machen, was sein soll. Es lohnt sich also, sich mit den ewigen Gesetzen des Erfolgs vertraut zu machen und der erste Schritt könnte sein, aufzuhören, einen Erfolg erfolgreich zu verhindern. Erfolgreich zu sein macht nicht nur Freude, es ist auch ein Schlüssel zum Glück.

Wie man seinen Erfolg »unvermeidbar« macht

Wie die Weisheit der Sprache schon sagt, ist Erfolg etwas, das »er-folgt«, wenn wir die ewigen Gesetze des Erfolgs kennen und beachten. Das Universum folgt einem einfachen Grundgesetz »wenn – dann« und »wenn nicht« – dann »eben nicht«. Das wichtigste Erfolgsgesetz ist das Gesetz von Ursache und Wirkung. Denn ganz gleich, was Sie tun, immer erfolgt etwas. Auch wenn Sie nichts tun, IST das eine Ursache und es folgt die entsprechende Wirkung.

Wir bekommen vom Leben nicht das, was wir dringend brauchen, auch nicht das, was wir unbedingt haben wollen, sondern immer genau das, was wir verursacht haben. Sobald unsere Absicht mit der gesetzten Ursache übereinstimmt, MUSS der erwünschte Erfolg erfolgen.

So gibt es weder unverdientes Leid, noch unverdientes Glück, sondern nur Ursache und Wirkung. Sobald Sie die Gesetze des Erfolgs beachten, werden Sie feststellen, erfolgreich sein kostet nicht mehr Mühe, als erfolglos zu sein, es macht nur VIEL mehr Spaß.

Machen Sie es sich zur Gewohnheit, ALLES, was Sie beginnen ERFOLGREICH zu beenden, einfach indem Sie vorher nicht aufhören. Eine Absicht ist erst dann beendet, wenn sie erfolgreich abgeschlossen wird. Das Leben wartet auf Ihre Anweisungen. Fangen Sie an, Ihr Leben wirklich zu »führen« und verwirklichen Sie sich Ihren Traum. Fangen Sie an, wirklich »erfolgreich« zu leben.

So erhöhen Sie zuverlässig Ihr Einkommen

Löschen Sie Ihr Mangelbewusstsein und legen Sie sich ein Wohlstandsbewusstsein zu. Mangel und Knappheit sind nur eine Vorstellung im Verstand. Machen Sie Geldverdienen zu Ihrem Hobby. Optimieren Sie Ihre Einstellung zu Geld.

Machen Sie sich bewusst, Sie sind von Natur aus ein Gewinner! Steigern Sie ständig Ihr Wissen und Ihr Können. Werden Sie ein Experte auf Ihrem Lieblingsgebiet.

Gewinnen Sie mit Ihrer persönlichen Zauberformel. Schaffen Sie sich bereichernde Überzeugungen. Gehen Sie den Weg der Freude. Nur dort, wo es Ihnen Freude macht, werden Sie richtig gut sein. Was man gerne tut, das tut man auch gut und was man gut macht, das wird auch gut bezahlt.

Gewöhnen Sie sich daran zu gewinnen. Zuerst in Ihrer Phantasie und dann in der Realität. Und gewinnen Sie in JEDEM Fall.

Wollen wir die Welt ändern und bessern,
dann müssen wir bei uns anfangen – und wollen
wir uns bessern, dann müssen wir bei unseren
Gedanken beginnen.

Legen Sie sich Einkommen – steigernde Gewohnheiten zu. Seien Sie da, wenn man Sie braucht. Zeigen Sie Kompetenz und Zuverlässigkeit. Erledigen Sie ALLES so schnell und so gut wie möglich. Machen Sie sich unentbehrlich.

Geben Sie immer mehr, als von Ihnen verlangt wird. Bilden Sie sich ständig fort und steigern so Ihren Marktwert. Lieben Sie Ihre Tätigkeit, oder tun Sie, was Sie lieben. Schaffen Sie sich eine »Erfolgs-Persönlichkeit«.

Definieren Sie exakt Ihre Ziele schriftlich. Steigern Sie STÄNDIG Ihre Kompetenz und Souveränität. Schaffen Sie sich mit einem lukrativen Hobby ein Zweiteinkommen. Legen Sie sich die richtigen Gewohnheiten zu und legen Sie falsche Gewohnheiten ab. Erlauben Sie sich, in unbegrenzter Weise zu träumen und zu denken.

Achten Sie darauf, dass Sie für JEDEN Augenblick Ihres Lebens einen angemessenen Gegenwert erhalten, in Form von etwas, das für SIE von Wert ist. Das kann Geld sein, oder Freude. Erwarten Sie Erfolg in JEDEM einzelnen Fall.

Werden Sie noch sympathischer und steigern Sie das täglich.

Verwechseln Sie Besitz nicht mit Erfolg

Das, was jemand hat, sagt nichts darüber aus, wer er IST und das ist das Einzige, was zählt. Besitz kann das Leben angenehm machen, aber ist auch Anlass für Sorgen. Besitz muss versichert werden und bewacht. Es gibt oft Streit, wenn Besitz vererbt werden soll, weil jeder meint, ihm gebühre ein größeres Stück und manchmal sind sogar alle Erben unzufrieden. Außerdem gehört Besitz zu den »Spielsachen« des Lebens, die wir hier vorfinden und uns zu Eigen machen, die wir aber hier zurücklassen, wenn wir weitergehen, also belasten Sie sich nicht zu sehr damit. Besitz ist nur soweit sinnvoll, wie er IHR Leben bereichert und angenehmer macht. Alles andere ist in Wirklichkeit Ballast.

Es ist daher ohne jede Bedeutung, ob Ihr Nachbar ein größeres Auto fährt als Sie, oder ein schöneres Haus hat. Auch die Höhe seines Bankkontos oder der Erfolg seiner Investitionen sagt nichts darüber aus, wie glücklich er lebt. Achten Sie auf die wahren Werte ihres Lebens, das was Ihr Leben lebenswerter und erfüllter macht und dabei spielt Besitz nur eine ganz untergeordnete Rolle und für Ihr persönliches Glück spielt er gar keine Rolle. Denn alles was im Leben wirklich zählt, wie Liebe, Weisheit, Erfüllung, kann man ohnehin nirgends kaufen, sondern man muss es sich »erwerben«. Das kann Zeit kosten, oder eine gewisse Anstrengung – aber sicher kein Geld. Erfolg ohne Erfüllung ist gar kein wirklicher Erfolg und am Ende des Lebens, wenn man alles hier zurücklassen muss, steht man mit leeren Händen da. Sorgen Sie rechtzeitig dafür, dass Ihr Leben erfüllt ist, machen Sie Ihr Leben zu einem Erfolg und seien Sie selbst ein lebender Erfolg.

Die Gesetze des Erfolgs

Erfolg ist ein Produkt und kann, wie jedes andere Produkt, in jeder beliebigen Menge hergestellt werden. Erfolgreich sein, kann man lernen, wie man eine Fremdsprache lernt.

Wie die Weisheit der Sprache schon sagt, ist Erfolg etwas, das erfolgt. Bevor Erfolg erfolgen kann, muss etwas vorausgehen.

Machen Sie sich bewusst, es heißt »Er-folg« und nicht »er-kämpft« oder »er-zwingt«.

Sobald jemand etwas tut, MUSS etwas erfolgen. Erfolg ist: Einen beabsichtigten Endzustand »er-folgen« zu lassen.

Die Wirkung dessen, was erfolgt, entspricht immer genau der Ursache. An dem, was erfolgt, kann ich erkennen, was ich bewusst, oder unbewusst verursacht habe.

Jeder ist also IMMER zu 100% erfolgreich.

Das WAS erfolgt entspricht IMMER zu 100% dem, was vorausgegangen ist. Ursache und Wirkung entsprechen einander zu 100%. Das was erfolgt entspricht aber nicht immer der Absicht. Sobald Absicht und Ursache übereinstimmen, stimmt auch der Erfolg.

Denn wir bekommen das, was wir verursachen, nicht mehr, nicht weniger und nichts anderes, unabhängig davon, ob das was erfolgt, unserer Absicht entspricht.

Jede Handlung, jeder Gedanke und jedes Gefühl IST eine Ursache und bringt die entsprechende Wirkung hervor, gleich ob diese erwünscht, oder unerwünscht ist.

Jede Wirkung entspricht IMMER in Qualität und Quantität der Ursache. Jeder gewünschte Umstand, jedes Ereignis, jede Situation, jeder Zufall, aber auch jede Begegnung wartet darauf »in Erscheinung« gerufen zu werden.

Am Anfang steht immer ein Gedanke. Es gibt keine gedankenlose Wirklichkeit. Alles was ist, ist zuvor gedacht worden, bevor es geschaffen werden konnte. Alle Umstände, aber auch alle Dinge sind gedachte Tatsachen – verwirklichte Gedanken.

Pflegen Sie schöne Erinnerungen

Das Leben eines jeden Menschen enthält eine Fülle von schönen Erinnerungen, die Ihnen Kraft und Freude schenken können, wenn sie gepflegt werden. Schauen Sie doch gleich einmal auf Ihr Leben zurück. Beginnen Sie mit Ihrer frühesten Erinnerung, war sie angenehm, oder eher unangenehm? Und dann machen Sie sich einmal all die schönen Situationen bewusst, die Sie erlebt haben und lassen Sie die Freude, die Sie dabei empfunden haben, noch einmal ganz lebendig werden. Die erste Liebe, oder die erste Erdbeere im Jahr, die bestandene Prüfung, der Führerschein, das erste eigene Auto usw. Lassen Sie sich Zeit und finden Sie immer neue schöne Erinnerungen. Die Erinnerung an früheres Glück kann Sie auch in der Gegenwart ganz schön glücklich machen.

Die Wenigsten aber wissen, dass wir auch schöne Erinnerungen an die Zukunft schaffen können. Stellen Sie sich doch gleich einmal vor, was Sie alles noch in Zukunft erleben könnten, an was Sie sich gern erinnern möchten, wenn Sie einmal 80 sind und in Ihrem Lieblingssessel sitzen und zurückdenken an Ihr erfülltes Leben. Lassen Sie Ihrer Phantasie freien Lauf und dann fangen Sie an, das Schöne gleich jetzt zu verwirklichen.

Schaffen Sie sich jetzt die Erinnerungen, an die Sie später einmal gern zurückdenken werden. Aber genießen Sie das, was geschieht auch im Jetzt. Manche sehen später nur an den Bildern, wo sie überall im Urlaub waren. Sie waren nicht wirklich dort, während sie dort waren. Seien SIE ganz DA und erleben Sie bewusst, das was jetzt ist. Schaffen Sie sich so das einmalige Leben, an das Sie sich später voller Freude erinnern werden und finden Sie immer neue Möglichkeiten, dieses Leben – und damit die späteren Erinnerungen, immer noch reicher und erfüllender zu machen. Das Leben geht so schnell vorbei, sorgen Sie dafür, dass SIE es bewusst erleben.

Halten Sie sich fit

Es leuchtet jedem ein, dass es viel leichter ist, glücklich zu sein, in einem gesunden, beweglichen und vitalen Körper. Um den zu behalten, kann man gar nicht früh genug damit beginnen. Der vielleicht wichtigste Schritt dazu, ist die Erkenntnis, dass das NÖTIG ist, denn in der Jugend ist ein solcher Körper selbstverständlich und man denkt nicht daran, dass dieser Zustand bewahrt werden soll. Der nächste Schritt ist zu erkennen, dass das MÖGLICH ist, dass es jeder in der Hand hat, wie er sich später fühlt. Sie können sich nicht irgendwo einen Ersatzkörper besorgen, wenn Sie diesen ruiniert haben, also behandeln Sie ihn auch entsprechend, denn er wird Sie begleiten, bis an das Ende Ihrer Tage und eine ständige Freude, oder eine ständige Last sein.

Um sich fit zu halten, genügt es nicht, sich ausreichend zu bewegen, dazu gehört auch eine gesunde Ernährung, richtige Atmung, Kleidung aus natürlichen Stoffen, weil Kunststoff sehr viel Energie raubt, auch wenn er praktisch sein mag. Dazu gehört auch, sich geistig fit zu halten, indem Sie immer neue Herausforderungen annehmen. Sie werden überrascht sein, wozu Sie mit siebzig – oder auch mit achtzig Jahren – fähig sind, wenn Sie sich fit gehalten haben. Dazu gehört auch die Kunst, zur rechten Zeit eine Pause zu machen, nicht nur, um sich kurz auszuruhen, sondern um die »Kunst der Muße« zu

Alles, was Du sagst, sollte wahr sein.
Aber nicht alles, was wahr ist, solltest Du sagen,
denn nur der Narr sagt, was er weiß,
der Kluge aber weiß, was er sagt.

pflegen, Zeiten, in denen Sie nichts anderes tun, als zu SEIN – einfach nur zu SEIN. Das muss nicht lange sein, ein paar Minuten können schon Wunder wirken. Finden Sie selbst heraus, was Ihnen gut tut und nehmen Sie sich die Zeit dafür. Es ist eine gute Investition in die eigene Zukunft und eine wichtige Voraussetzung für ein glückliches und erfülltes Leben.

Diagnose als Botschaft und Weg

Eine wirkliche Diagnose, die nicht nur den lateinischen Spitznamen des Symptoms benennt, sondern die wahren Zusammenhänge aufzeigt und die Botschaft im Symptom aufzeigt, führt so zur »heilenden Einsicht« und macht damit das Symptom unnötig, sodass es ganz von selbst wieder verschwindet. So wird die wahre Diagnose zur Therapie und Einsicht – das Universalheilmittel der Zukunft.

Die meisten Menschen aber betrachten eine Krankheit nicht als einen liebevollen Hinweis des Körpers auf eine Störung, sondern als Schicksalsschlag, als Laune der Natur, oder als Zufall, der den Einen eben trifft und den Anderen ebenso zufällig verschont. In Wirklichkeit aber bestimmen die Gedanken des Menschen, Gesundheit oder Krankheit und der Mensch hat die Macht, seine Gedanken zu bestimmen. Der Körper ist der sichtbare Ausdruck meines Bewusstseins. Heilung heißt also nicht, ein Symptom zum Verschwinden zu bringen, sondern die Störung an der Botschaft zu erkennen und zu beseitigen, um dadurch wieder Heil und Ganz zu werden.

So wird JEDE Botschaft des Lebens gleichzeitig zur Therapie, wenn wir die Botschaft verstehen, die Konsequenzen ziehen und unser Tun entsprechend ändern, weil wir zur »EIN-SICHT« gekommen sind, die letztlich dazu führt, dass wir das EINE in allem erkennen.

Der Sinn von Fragen

Es gibt eine einfache Regel, die wohl von keinem in Frage gestellt wird: »Wenn Du etwas wissen willst, frage einfach.« Aber es ist interessant, einmal bewusst zu verfolgen, was geschieht, wenn ich eine Antwort habe. Der Verstand nickt zustimmend, und gibt die Antwort dann dem Gedächtnis und sie wird zu Wissen. Vielleicht wird das irgendwann noch einmal gebraucht, meist aber nicht, es füllt nur das Gedächtnis. Aber dem Verstand fallen sofort zwei neue Fragen ein und SIE machen sich wieder auf die Suche nach einer Antwort.

Haben Sie sich einmal gefragt, was passiert, wenn Sie aufhören zu fragen? Probieren Sie es doch einmal aus, plötzlich ist Ruhe und Sie haben Zeit zu SEIN, einfach nur zu sein. Und Sie erkennen, alles Fragen hat Sie zu immer neuen Antworten und neuem Wissen geführt, aber letztlich nicht weitergebracht. Und hinter allen Fragen steht immer die eine, gleiche Frage: »Wer bin ich? Wer bin ich wirklich? Und um was geht es hier, was ist der Sinn des Lebens?« Die letzte Frage ist leicht zu beantworten. Der Sinn des Lebens ist, es bewusst zu erleben und zu genießen und es hat den Sinn, den SIE ihm geben. Und wenn Sie in sich hineinhorchen, haben Sie auch die Antwort auf die erste Frage: »Wer bin ich?« Die Antwort lautet einfach: »Sie SIND!« Sie sind nicht irgendwer. Was Sie sicher über sich sagen können das genügt. Und wenn Sie wollen, war das Ihre letzte Suche auf Antworten und Sie fangen an zu SEIN. Sie tun, was zu tun ist. Das Leben kann so einfach sein.

Wahre Freiheit

Schon als kleiner Junge hatte ich einen starken Drang nach Freiheit und ich machte mich auf die Suche nach der wahren Freiheit. Zunächst stellte ich mir die Frage: »Was muss ich tun, um frei zu sein?« Erst als ich erkannte, dass man Freiheit nicht tun kann, verschwand der Wunsch nach Freiheit und was blieb, war Freiheit. Denn wirklich frei sind Sie erst, wenn Sie den Wunsch nach Freiheit loslassen, in der Erkenntnis, dass Sie ja seit jeher frei waren. Niemand kann Ihnen diese Freiheit nehmen, denn Freiheit ist Ihr natürlicher Zustand. Um in dieser Freiheit anzukommen, ist keine Anstrengung erforderlich, es genügt zu erkennen, dass Sie in diesem Augenblick schon vollkommen frei sind. Sie glauben vielleicht nur, nicht frei zu sein und so wird Ihr Glaube zur erlebten Realität. Folgen Sie Ihrem Wunsch nach Freiheit, bis der Wunsch verschwindet – und Sie sind frei. Aber so sind das nur Worte, erleben Sie es, alles andere kann nicht wirklich überzeugen. Machen Sie sich bewusst, dass in diesem Augenblick ALLES möglich ist und Sie in JEDEM Augenblick aufs Neue die Wahl haben, sich für Ihre natürliche Freiheit zu entscheiden. Aber Sie müssen sich entscheiden, Sie müssen wählen, denn wenn Sie nicht wählen, ist das auch eine Wahl. Also, worauf warten Sie? Treten Sie JETZT als neuer Mensch in ein neues Leben – in Freiheit!

Den »Weg der Freude« gehen

Jeder Mensch trägt in sich das Potential zu einer ständigen, stillen inneren Freude und diese stille innere Freude gibt unserem Sein Tiefe. Wir haben uns oft angewöhnt, uns nur dann zu freuen, wenn ein entsprechender Anlass vorliegt. Wenn das Wetter besonders schön ist, oder eine angenehme Situation vor uns liegt und haben meist verlernt, uns einfach ohne Anlass zu freuen, dabei haben wir Grund genug, uns zu freuen. Allein wieder die Ästhetik des eigenen Handelns zu entdecken, und uns ganz auf das einzulassen, was wir gerade tun. Aber nicht nur das Handeln, allein schon zu sein, ist Anlass genug für eine ständige stille Freude, das Glück zu leben, alles was geschieht, ist ein zusätzliches Geschenk.

Natürlich können Sie sich auch absichtlich eine Freude machen, indem Sie anderen eine Freude machen, oder Aufmerksamkeit schenken, Zeit, oder einfach ein Lächeln, vielleicht sogar Liebe. Ich kann mir aber auch direkt eine Freude machen, indem ich mir Zeit nehme, für mich selbst, für ein gutes Buch, Musik, oder ein Bad. Ich kann meine Aufmerksamkeit aber auch darauf richten, welche Freude mir das Leben gerade macht und erkennen, dass das Leben mir ständig Grund gibt, mich zu freuen.

So könnte Freude ein unverzichtbarer Teil Ihrer Persönlichkeit werden und ein ständiger Begleiter, der Sie alles, was geschieht, noch intensiver erleben lässt. Zu erkennen, dass sich zu freuen schon Grund genug ist, es zu tun, sich über seine Freude zu freuen und sich letztlich von seiner Freude verwandeln lassen und STÄNDIG den »Weg der Freude« gehen.

Pflegen Sie Freundschaften

Jeder Mensch braucht Freunde, denn sie machen das Leben um vieles angenehmer und reicher.

Der erste Schritt dazu ist, sich zunächst selbst einmal ein guter Freund zu sein. Glauben Sie nicht, das sei selbstverständlich, im Gegenteil, die wenigsten sind sich selbst ein guter Freund. Wenn Sie wollen, prüfen Sie gleich einmal, wie das bei Ihnen ist. Was SIE tun könnten, um sich ein noch besserer Freund zu sein.

Der zweite Schritt ist, anderen ein guter Freund zu sein. Das macht Sie nicht nur bei anderen beliebt, es verzaubert auch sofort Ihr Leben und wenn Sie wollen, beginnt es in DIESEM Augenblick.

Der dritte Schritt ist, diese Freundschaften auch zu pflegen. Das braucht etwas Zeit um miteinander glücklich zu sein und sagen Sie nicht, Sie haben keine Zeit zum glücklich sein. Wenn Sie Freundschaft zu Ihrer Grundhaltung gemacht haben, brauchen Sie sich um neue Freunde keine Sorgen machen, denn jeder, der Ihnen begegnet, ist ein Freund, den Sie bloß noch nicht kennen gelernt haben. Und auch andere brauchen Freunde, warten aber oft auf den ersten Schritt. Machen SIE den ersten Schritt, denn es ist nicht leicht, allein glücklich zu sein und es macht viel mehr Freude, sein Glück mit anderen zu teilen. Fangen Sie an, ein wahrer Freund zu sein, machen SIE den ersten Schritt und erleben Sie, was passiert.

Arm ist, wer mehr braucht, als er hat.
Reich ist, wer mehr hat, als er braucht.

Das eigene Leben wirklich »führen«

Machen Sie sich bewusst, dass Ihr Leben auf Ihre Anweisungen wartet, dass es darauf wartet, dass Sie es führen. Sie können bestimmen, was geschehen soll. Dazu gehört zunächst einmal, die alleinige und volle Verantwortung für sein Schicksal zu übernehmen, das eigentlich »Mach-sal« heißen müsste, weil jeder, bewusst oder unbewusst, es selbst macht. Sie haben die Wahl, aber wenn Sie nicht wählen, ist das auch eine Wahl und Sie tragen die Folgen. Aber wenn Sie schon die Wahl haben, dann könnten Sie sich doch auch ein Leben wählen, indem Sie sich wohl fühlen, das Sie glücklich macht. Der erste Schritt dazu ist die Entscheidung, unter welchen Umständen Sie am liebsten leben würden und sich dann genau diese Umstände zu schaffen. Alles ist möglich, aber wenn Sie es nicht »in Erscheinung rufen« bleibt es eine Möglichkeit.

Zur aktiven Lebensführung gehört natürlich zunächst einmal, alles loszulassen, was nicht mehr dazu gehört, also Ärger, Angst, Sorgen, usw. Raum zu schaffen, für das, was sein soll. Machen Sie es sich leicht, denn wir werden nicht vom Leben dafür belohnt, dass wir es uns schwer machen, sondern dieses Leben findet IHNEN zur Freude statt und wenn Sie sich auch nur einen Augenblick nicht freuen, haben Sie diesen Augenblick Ihres Leben vertan und er ist unwiederbringlich vorbei. Machen Sie sich daher bewusst, was Ihr Leben so richtig erfüllen würde und sorgen Sie dafür, dass genau das geschieht. Indem Sie Ihr Leben bewusst führen, sorgen Sie dafür, dass es wirklich IHR Leben ist, ein Leben, indem Sie sich auf jeden neuen Tag freuen.

Erbitte Gottes Segen für Deine Arbeit,
aber verlange nicht auch noch,
DASS ER SIE TUT.

Ihr »Zauberstab Gedankenkraft«

Gedanken können Ihr ganzes Leben verzaubern, vor allem, wenn es die richtigen Gedanken sind und sie sich mit der Imagination verbinden.

Wenn Sie dann Ihre Imagination auf das gerichtet halten, was Sie verwirklichen wollen, beginnt es im gleichen Augenblick »in Erscheinung zu treten«.

Sie haben von Ihrem Zauberstab Gedankenkraft Gebrauch gemacht und es hat funktioniert. Es funktioniert immer. Sie haben mit Ihrem Geist etwas Beabsichtigtes verwirklicht.

Sollten Sie einsam sein und sich nach einem Partner sehnen, können Sie auf die gleiche Weise, einen Partner anziehen und das Leben veranlassen, eine Begegnung herbeizuführen. Sie können sogar einen bestimmten Partner anziehen. Vielleicht haben Sie auch das schon einmal erlebt, dass Sie an einen bestimmten Menschen dachten und kurz darauf begegnet Ihnen der Mensch »zufällig« in der Stadt, oder ruft Sie an, obwohl Sie vorher lange nichts voneinander gehört haben. Glauben Sie wirklich, dass das Zufall ist? Und wenn Sie es Zufall nennen, dann ist es ein Zufall, den Sie jederzeit herbeiführen können. Sie können sogar den Zeitpunkt der Begegnung bestimmen, ja Sie können sogar einfach den richtigen Partner anziehen, ohne zu wissen, wer der Richtige ist.

Auf die gleiche Weise können Sie sich einen neuen Arbeitsplatz schaffen, falls Sie einmal arbeitslos sein sollten oder Sie sich einfach nur verbessern wollen. Auch hier können Sie die Qualität dessen bestimmen, was Sie da anziehen, also eine Stellung, in der Sie mehr verdienen, oder eine Tätigkeit, die mehr Freude macht. Oder noch besser »Ihren Arbeitsplatz«, sodass Ihr Beruf zur Berufung wird und Sie sich auf jeden Tag aufs Neue freuen.

Der Weg zum Erfolg

Zu einem glücklichen Leben gehört unverzichtbar auch Erfolg. Es »er-folgt« aber nicht das, was ich gern hätte, oder dringend brauche, sondern das, was Ich verursache. Das heißt, JEDER ist immer zu 100% erfolgreich und wenn Ursache und Absicht übereinstimmen, MUSS das erwünschte Ergebnis »er-folgen«. So gibt es weder unverdientes Glück, noch unverdientes Leid, sondern nur Ursache und Wirkung. Oft KANN der gewählte Weg aber gar nicht zu dem beabsichtigten Ziel führen. Irgendwann erkennen wir, dass wir in der Schule nicht leben gelernt haben und so lebt jeder drauf los, so gut es eben geht, nur um irgendwann festzustellen, dass er viele unnötige Fehler gemacht hat. Es müsste einen »Lebensführerschein« geben. Worauf es wirklich ankommt, ist zu erkennen, dass das Leben ein Spiel ist und es geht nicht darum, zu gewinnen, es geht nur darum, zu spielen und das Spiel zu genießen. So zu leben, dass man Achtung vor sich selbst haben kann und sich in sich selbst wohl fühlt. Vor allem aber so zu leben, dass man am Ende sagen kann: »Ich habe wirklich gelebt!«

Hier die wichtigsten Schritte, die zum Erfolg führen:

- Vom Opfer der Umstände zum bewussten Schöpfer seiner Zukunft werden.
- Lebens-Architekt und Zukunfts-Designer werden.
- Machen Sie es sich zur Gewohnheit jedes Vorhaben innerhalb von 3 Tagen zu beginnen und erfolgreich abzuschließen, vorher ist es einfach noch nicht beendet.
- Führen Sie ab sofort ein Erfolgs-Tagebuch.
- Machen Sie sich so bewusst, wie viel Erfolg Sie täglich haben.
- Machen Sie sich so auch bewusst, was Sie HEUTE gelernt und erkannt haben.
- Auf einem Gebiet ein Experte / der Beste werden. Erfolgsintelligenz und Zukunftskompetenz entwickeln.
- Werden Sie reich durch einen Zusatzverdienst als Lebensberater, halten Sie Vorträge, Seminare und schreiben Sie ein Buch. Lieben Sie es, zu Wohlstand und Reichtum zu kommen.
- Entscheiden Sie sich JETZT unwiderruflich für Ihren Erfolg.
- Gewöhnen Sie sich daran, in Ihrer Phantasie zu gewinnen. Und zwar STÄNDIG und JEDES Vorhaben beenden Sie in Ihrer Phantasie erfolgreich.
- Das Leben reagiert NUR auf Ihre Anweisungen.
- Jeder Gedanke an Mangel und Begrenzung IST eine Anweisung.

- Die »Innere Erfolgsformel« optimieren.
- Jedes Problem ist in Wirklichkeit eine Chance.
- Einem JEDEN geschieht nach seinem Glauben.
- Erwarten Sie, in JEDEM einzelnen Fall Erfolg.
- Jeder ist immer zu 100% erfolgreich.
- Mit meinem SOSEIN bestimme ich meine Realität.
- Es gibt keine schwierige Situation, kein großes Problem, denn JEDE Realität lässt sich SOFORT ändern.
- Erfolg ist vollkommen mühelos – wenn Sie sich dabei anstrengen, zeigt das nur, dass es anders leichter ginge.
- Sie können das »Drehbuch Ihres Lebens« jederzeit ändern.
- Sie sind ein permanenter Sender.
- Werden Sie eine »gewinnende Persönlichkeit«.
- Fangen Sie JETZT an wirklich »märchenhaft« zu leben.
- Erfolg kann man »abonnieren«.
- Entscheiden Sie sich JETZT unwiderruflich für Ihren Erfolg.
- Werden und bleiben Sie gesund und vital bis ins hohe Alter.
- Fangen Sie an, das Spiel wirklich zu genießen!

Das geistige Prinzip der Fülle

Die meisten Menschen haben ein mangelndes Verständnis vom Prinzip der Fülle, sind belastet mit der Überzeugung, dass Geld irgendwo etwas Schlechtes ist und sitzen damit in der eigenen Falle. Denn wenn Geld etwas Schlechtes ist, kann ich für meine gute Arbeit nicht als Lohn etwas Schlechtes nehmen. So kommt es, dass die, die Gutes tun, oft am Existenzminimum leben, während andere verdienen was sie wollen.

Eine andere Wohlstandsverhinderungs-Falle ist der Glaube, dass sparen Lebensfreude nimmt. Sie sagen: »Ich will aber jetzt leben« – und meinen damit, Geld ausgeben. In Wirklichkeit macht sparen Spaß. Das merkt man sehr schnell, wenn man sich vermögensbildende Gewohnheiten zulegt und sieht, wie langsam aber sicher ein Vermögen heranwächst. Mit Stolz lesen Sie Ihre Fondabrechnungen und vergleichen, wie wenig Sie eingezahlt haben und wie viel daraus inzwischen geworden ist und am liebsten möchten Sie noch mehr sparen um Ihr Vermögen noch schneller wachsen zu sehen, mit einem Wort, Sie wollen noch mehr »Sparspaß«.

Aber sparen Sie niemals, um nicht mehr arm zu sein, sondern in dem Bewusstsein, mit jeder Einzahlung vermögender zu werden.

Am besten legen Sie JEDEN Monat, und zwar gleich am Monatsanfang 10% Ihres Einkommens sinnvoll an und Sie werden reicher, als Sie jemals zu träumen gewagt haben.

Denn natürlich genügt es nicht zu sparen, der entscheidende Schritt ist das richtige Investieren. Wenn Sie reich werden wollen, wird das mit sparen allein nicht zu erreichen sein, sondern mit einer sinnvollen Investition.

Verluste in Grenzen halten

*Menschen, die Glück haben, springen ab, bevor
ein Reinfall zur Katastrophe wird. Kommt ein Unternehmen ins Wanken, dann gibt es jedes Mal
einen Augenblick, an dem man mit einem kleinen
Verlust oder gar keinem aussteigen kann, aber
eben nur diesen einen. Ist der verpasst, werden die
Umstände zur unentrinnbaren Falle. Man kommt
manchmal zeitlebens nicht mehr heraus.
Wenn Sie beim Tauziehen mit dem Tiger den
Kürzeren ziehen, lassen Sie ihm das Seil, bevor er
Ihren Arm packt. Ein neues Seil können Sie sich
immer kaufen.*

Geld hat aber auch eine spirituelle Dimension. Sie können auch Ihre täglichen Ausgaben »investieren«, indem Sie, sie segnen und erleben, wie das so »investierte« Geld vielfach vermehrt zu Ihnen zurückkommt. Denn ALLES, was Sie ehrlichen Herzens segnen, MUSS Ihnen zum Segen werden, das ist ein geistiges Gesetz.

Wenn Sie so jede Ausgabe segnen, wird Sie JEDER einzelne Betrag weiterbringen. Fragen Sie nicht Ihren Verstand, was er davon hält, tun Sie es und erleben Sie, was geschieht, das ist der beste Beweis.

Geben statt nehmen

Viele leben in einer unglücklichen Beziehung – sei es zwischen Kollegen, in der Liebe, oder in der Familie. Unglückliche Beziehungen können sogar krank machen, aber was führt zu einer unglücklichen Beziehung? Ich habe eine bestimmte Vorstellung, wie mein Partner zu sein hat, aber der ist anders, eben er selbst. Genau genommen leide ich also nur an meiner Vorstellung und der Unterschied, zwischen Vorstellung und Realität macht mich krank. Indem ich meine Vorstellung loslasse, den Anderen so nehme, wie er ist und mich ganz auf ihn einlasse, JA sage zu seinem Sosein, ist das Problem verschwunden.

Vor allem aber leiden wir an mangelnder Liebe. Wir sollten mehr Liebe haben, anstatt einfach mehr zu geben. Dann erkennen wir plötzlich, dass es unglückliche Liebe gar nicht geben kann, es gibt nur ein unerfülltes HABEN wollen. Der Andere kann mich ja nicht hindern, ihn zu lieben und wenn ich mich darin erfülle, dann bin auch ich glücklich. Alle Probleme beginnen erst mit dem HABEN wollen und mitunter ist es die größte Strafe, dass ich bekomme, was ich will. Fangen Sie an zu lieben und optimieren Sie die »Kunst zu lieben« ein Leben lang. Erfüllen Sie sich im Lieben und Sie erkennen, dass es ein Glück ist, lieben zu können und darin Erfüllung zu finden.

Die Macht Ihrer Gedanken

Wir können Gedanken nicht sehen und nicht anfassen, und doch wirken sie und bestimmen den größten Teil unseres Schicksals. Gedanken können uns zu höchsten Leistungen anspornen, oder krank machen. Wir denken etwa 50.000 Gedanken am Tag und die meisten Gedanken sind eher negativ. Jeder einzelne Gedanke aber kehrt zu Ihnen zurück, als Ereignis, als Situation, oder Begegnung. Und ein negativer Gedanke kann natürlich nur ein negatives Ereignis herbeiführen, ebenso zuverlässig, wie ein positiver Gedanke ein positives Ereignis verursacht. Können Sie es sich also wirklich leisten, unbewusst zu denken und damit vorwiegend negative Ereignisse in Ihr Leben zu ziehen? Wann immer Sie nicht bewusst denken, werden Ihre Gedanken und damit Ihr Schicksal weitgehend von außen bestimmt, aber auch von Ihren Gewohnheiten. Aber Sie können in JEDEM Augenblick eingreifen, und weitgehend bewusst denken und damit Ihr Leben wieder selbst bestimmen. Gedankendisziplin ist der Schlüssel zu einem selbst bestimmten und erfolgreichen Leben. Es ist der Schlüssel zu Ihrer inneren Schatzkammer, der Macht Ihrer Gedanken. Ihre

Gedanken bestimmen Ihr Leben, SIE aber bestimmen ihre Gedanken – Sie könnten es zumindest in jedem Augenblick tun und Ihr ganzes Leben verwandelt sich. Jetzt wäre ein guter Zeitpunkt, damit zu beginnen.

Die innere Erfolgsformel

Überall im Universum ist Fülle. Sie ist ein wichtiger Teil unseres wahren Wesens. Wenn Sie in einem Bereich unseres Lebens nicht, oder nicht umfassend in Erscheinung tritt, muss es dort »KERNGLAUBENSSÄTZE« geben, die das verhindern.

Der erste Schritt zur wirksamen Erfolgsformel sollte daher sein, sich diese innere Misserfolgsformel einmal bewusst zu machen und sie dann in eine wirksame Erfolgsformel umzuformen. Bevor Sie Ihre innere Erfolgsformel schaffen, sollten alle Misserfolgsformeln und Kernglaubenssätze des Mangels aufgelöst sein und zwar in ALLEN Lebensbereichen. Gleichzeitig liefern diese die Stichworte für die innere Erfolgsformel, denn sie weisen auf bisherige Schwachstellen hin. Ist diese »Innere Erfolgs-Formel« einmal für jeden Lebensbereich geschaffen und innerlich bedingungslos bejaht, also geglaubt, beginnt sie im gleichen Augenblick Tag und Nacht zu wirken und verändert unsere Lebensumstände und unser wahres Leben beginnt zu erwachen.

Hilfreich kann dabei sein, JEDE schöne Erfahrung gleich in eine lebendige Erfolgsformel zu verwandeln, die dann im gleichen Augenblick beginnt, für Sie zu wirken und Ihnen hilft, nicht nur erfolgreich zu sein, sondern Ihr ganzes Leben zu einem Erfolg zu machen und Sie so leben, wie Sie eigentlich von der Schöpfung gemeint sind.

Wer nicht lernt sich selbst zu beherrschen
bleibt ewig Knecht!

Achten Sie auf Ihre Gedanken

Jeder einzelne Gedanke kehrt zu Ihnen zurück, als Ereignis, oder Umstand und natürlich kann ein negativer Gedanke nur zu einem negativen Ereignis führen, ebenso zuverlässig, wie ein positiver Gedanke zu einem positiven Ereignis führt. Unser »Denkinstrument« ist eine Sämaschine, aber durch Unachtsamkeit säen die meisten Menschen mehr Unkraut als Erwünschtes. Das macht die Ernte mühsam und das Unkraut muss aufwendig »entsorgt« werden. Bei der Saat haben Sie die Freiheit der Wahl, bei der Ernte müssen Sie nehmen, was Sie gesät haben. Aber Sie können jederzeit neu säen, sodass Sie sich auf die Ernte freuen können.

Eine Situation kann noch so schwierig, oder gar aussichtslos sein, Sie können sie in JEDEM Augenblick ändern. Realisten orientieren sich gern an Tatsachen, anstatt sich die Tatsachen zu schaffen, die sie gerne hätten. Tatsachen sind Sachen, die jederzeit anders getan werden können. Aber Ihre Macht der Wahl liegt nur im JETZT und jetzt ist alles möglich. Dem Acker Leben ist es völlig egal, was Sie säen, der Acker hat keine Wahl, er MUSS das hervorbringen, was SIE gesät haben. Jemand hat einmal gesagt: »Achte auf Deine Gedanken, sie werden Worte. Achte auf Deine Worte, sie werden Handlungen. Achte auf Deine Handlungen, sie werden Gewohnheiten. Achte auf Deine Gewohnheiten, Sie werden zum Charakter. Achte auf Deinen Charakter, er wird Dein Schicksal.«

Der Schlüssel zu Ihrem Schicksal ist Gedankendisziplin. Prüfen Sie jeden Gedanken sorgfältig, bevor Sie ihn entlassen, denn er wird zu Ihnen zurückkehren, sorgen Sie dafür, dass Sie sich auf das Wiedersehen freuen können.

Nutzen Sie die »Macht Ihrer Gedanken«

Der Gedanke ist wohl der am wenigsten verstandene Faktor, der unser Leben entscheidend bestimmt, denn alles, was existiert, war zuerst ein Gedanke. Jeder Gedanke, der sich mit einer Überzeugung verbindet, IST eine Ursache und kehrt als Ereignis, als Lebensumstand und als Situation zu Ihnen zurück. Da alles Denken schöpferisch ist, sollten Sie nie mehr über etwas nachdenken, was Sie NICHT wollen. Sollte doch ein solcher Gedanke kommen, dann SOFORT umwandeln, bevor er etwas Unerwünschtes verursachen kann. Die Macht Ihrer Gedanken wartet nur auf Ihre Anweisungen und JEDER Gedanke IST eine solche Anweisung.

Noch nie hat jemand etwas bekommen, das er nicht selbst verursacht hat und noch nie hat jemand etwas nicht bekommen, das er verursacht hat. Wenn Sie konsequent alles Unerwünschte möglichst sofort umwandeln in das, was sein soll, dann verschwindet jede unerwünschte Realität aus Ihrem Leben, denn das Leben hat keine Wahl, es MUSS das hervorbringen, was Sie als Schöpfer verursacht haben, ganz gleich, ob Sie es haben wollen, oder nicht. Aber SIE haben die Wahl. Sie können jederzeit durch eine Änderung Ihrer Gedanken andere Ursachen setzen und sich damit ein ganz neues Leben schaffen. Richten Sie Ihre Aufmerksamkeit nur noch auf das, was sein soll, denn wohin Sie Ihre Aufmerksamkeit richten, dorthin fließt Ihre Schöpfungskraft. Lösen Sie Ihre Aufmerksamkeit von dem, was stört und halten Sie, sie gerichtet auf das, was Sie wünschen und erleben Sie, wie es im gleichen Augenblick beginnt zu werden und Sie erreichen, was immer Sie wollen.

Seine Gefühle meistern

Das ganze Leben ist eine einzige Aufforderung, es zu meistern. Zur Meisterschaft gehört natürlich auch die bewusste Lenkung der Emotionen. Werden Sie von Ihren Gefühlen beherrscht, oder beherrschen SIE Ihre Gefühle? Sind Sie aber auch in der Lage, sich Ihren Gefühlen ganz hinzugeben, wenn Sie es wünschen? Zur emotionalen Meisterschaft gehört, seine Emotionen zu ändern und keine anzunehmen, um in jedem Augenblick emotional frei zu sein, denn solange wir noch mit unserem Gemüt reagieren, ist unser Leben noch recht »un-gemütlich«. Natürlich gehört zur Meisterschaft auch, nicht mehr zu urteilen. Wenn uns jemand etwas erzählt, meinen wir, wir müssten dazu JA oder NEIN sagen. Aber es genügt völlig zu sagen: »Ich respektiere das als Ihre Meinung, aber ich urteile nicht darüber.«
Es gibt dazu eine schöne Geschichte von Buddha: Buddha ging eines Tages durch ein Dorf, als ihn jemand fragte: »Sage mir, ob es Gott gibt?« Buddha sagte: »Es hat nie einen gegeben und es wird auch nie einen geben.« Einige Zeit später kam ein anderer und sagte: »Ich bin Atheist und glaube nicht an Gott, gibt es einen?« Buddha antwortete: »Gott allein besteht, es gibt nichts außer Gott!« Ein Schüler, der Buddha begleitet hatte, war völlig durcheinander und bat Buddha um eine Erklärung. Buddha sagte zu ihm: »Keine dieser Antworten war für Dich, aber das Chaos, in das sie Dich gestürzt haben, hilft Dir, Deine Antwort zu finden.«
Die Erkenntnis daraus: Alles, was man sagen kann, ist in gewisser Weise falsch, es ist nicht die Wahrheit, sondern ein Fingerzeig. Schaue nicht auf den Finger, sondern auf das Gezeigte und Du erkennst DEINE Wahrheit.

Unser Leben ist zu kurz, um klein zu sein!
Aber es ist auch zu kurz, um es sich durch Ärger
noch mehr zu verkürzen.

Leben in heiterer Gelassenheit

Erkennen Sie, dass das Leben in Wirklichkeit ein Spiel ist, bei dem Sie letztlich nur gewinnen können. Dabei ist Gewinn, oder Verlust ganz gleichgültig, denn in diesem Spiel haben Sie die Chance, durch einen Verlust mehr zu gewinnen, als Sie mit einem Gewinn gewinnen können. Dabei ist es ganz gleichgültig, was geschieht, sondern wichtig ist nur, wie Sie damit umgehen. Lernen Sie ALLE Ereignisse Ihres Lebens in heiterer Gelassenheit zu genießen, auch und ganz besonders die schwierigen. Probieren Sie es gleich einmal aus. Denken Sie an ein erfreuliches Ereignis Ihres Lebens und spüren Sie die Freude und Erfüllung, die Sie dabei empfinden. Und nun denken Sie an ein sehr belastendes Ereignis Ihres Lebens, aber bleiben dabei in der heiteren Gelassenheit, mit der Sie das erfreuliche Ereignis erlebt haben. Sie erkennen dabei, dass Ihre Stimmung nicht abhängig ist von den Umständen und äußeren Ereignissen, sondern dass Sie die Macht haben, ALLES was geschieht, in heiterer Gelassenheit zu erleben.

Und bei allem sollten Sie nicht vergessen, dass es ein Spiel ist, das Ihnen zur Freude gespielt wird. Wenn Sie sich auch nur einen Augenblick nicht freuen, haben Sie diesen Augenblick nicht optimal genutzt, aber Sie haben in JEDEM Augenblick die Chance, das zu ändern, zum Beispiel – JETZT. Das Wunder ist, zu leben. Alles was geschieht, ist ein zusätzliches Geschenk. Fangen Sie jetzt an, alles, wirklich alles in heiterer Gelassenheit zu genießen.

Die Einstellung zum Geld

Aus unserem Leben ist Geld nicht mehr wegzudenken, aber obwohl wir es alle brauchen, haben viele Menschen ein eher gestörtes Verhältnis zu Geld. Entweder sie lehnen es ab und stoßen es dadurch auch nach dem Gesetz der Resonanz zuverlässig ab und müssen sich um so mehr damit befassen, weil sie ständig Geldsorgen haben, oder sie machen es zum Lebensinhalt und betrügen sich dadurch um das, was Leben wirklich sein könnte. Denn wer sein Leben lang nur Geld verdient, der verdient auch nichts als Geld, und stellt am Ende fest, dass er gar nicht wirklich gelebt hat. Schon Goethe hat einmal gesagt: »Ein gesunder Mensch, ohne Geld, ist halb krank.« Wenn Sie aber Geld lieben, ohne es zum Mittelpunkt Ihres Lebens zu machen, dann kommt es gern zu Ihnen, und es arbeitet Tag und Nacht für Sie. Wenn Sie es aber nicht haben, dann bekommt es eine Wichtigkeit, die es nicht verdient. Geld allein macht zwar nicht glücklich, aber es erlaubt glücklichen Menschen das Leben zu leben, das sie verdienen. Es ist nicht der Schlüssel zum Glück, aber man kann sich damit eine Menge Schlüssel kaufen. Man sagt zwar, Geld verdirbt den Charakter, aber Geld verdirbt nur denen den Charakter, die vorher auch schon keinen hatten. Sorgen Sie dafür, dass Sie immer genug davon haben und genießen Sie es einfach.

Entwickeln Sie Ihre »Erfolgs-Persönlichkeit«

Hat jemand eine starke positive Ausstrahlung, dann sprechen wir von einer »charismatischen Erfolgspersönlichkeit«. Nur wenigen Menschen ist bewusst, dass man seine Erfolgspersönlichkeit erst schaffen muss. Sie wartet latent in jedem Menschen darauf, dass er sie entdeckt und in Erscheinung treten lässt. Eine charismatische Erfolgspersönlichkeit ist eine lebende Ursache für Erfolg, der dann auch zuverlässig und scheinbar mühelos erfolgt. So fallen Ihnen die günstigsten Zufälle einfach in den Schoß und es öffnen sich Türen, die für andere gar nicht existieren. Dazu gehört die Fähigkeit Lebensprozesse und Umstände aktiv zu steuern und in eine gewünschte Richtung zu lenken, um ein beabsichtigtes Ergebnis zu erzielen. Dazu gehört auch, bewusst als Gewinner durchs Leben zu gehen. Die Grundvoraussetzung aber ist, sympathisch zu sein. Fangen Sie gleich jetzt damit an und werden Sie von Tag zu Tag immer sympathischer, sodass Ihnen jeder gern hilft immer noch erfolgreicher zu werden. Aktivieren Sie Ihr geistiges Kapital und steigern Sie Ihre geistige Kapazität bis ins hohe Alter. Machen Sie sich Ihre Schwächen und Ihre Stärken bewusst, wandeln Sie Ihre Schwächen in Stärken um und setzen Sie Ihre Stärken optimal ein. Seien Sie jemand, den man einfach mag, der andere fasziniert und dem man gern hilft, immer noch erfolgreicher zu werden.

Betrachten Sie das Leben von der heiteren Seite.
Wenn Ihnen einmal eine Seite Ihres Daseins nicht
gefällt, blättern Sie einfach um.

Schaffen Sie gemeinsame Interessen

Ganz gleich, ob mit Ihrem Partner, oder mit Freunden, es braucht Interessen, die man gerne miteinander teilt. Gemeinsames Handeln verbindet und vertieft die Beziehung. Nehmen Sie sich daher auch jeden Tag etwas Zeit für Ihre Kinder und seien Sie in dieser Zeit ganz für sie da. Kinder leben in der Zeitlosigkeit und die Zeitdauer spielt gar keine so große Rolle, wie Sie vielleicht glauben. Ein Augenblick des vollkommenen MITEINANDER, reicht für einen gemeinsam erlebten Augenblick des Glücks. Außerdem erhöht jedes gemeinsame Interesse die Wahrscheinlichkeit, dass eine Beziehung Bestand hat. Und wenn Sie ehrlich sind, ALLES wird schöner, wenn man es mit anderen teilt, es miteinander erlebt, auch für Sie. Vielleicht finden Sie so sogar ein ungewöhnliches Hobby. Achten Sie doch einmal darauf, was Ihre Freunde so in ihrer Freizeit treiben und wenn sie »nichts Besonderes« tun, dann wird es höchste Zeit, das zu ändern. Lassen Sie sich in dem Fall gemeinsam etwas Besonderes einfallen und vor allem, fangen Sie gleich damit an. Viele Menschen handeln nach dem Motto: »Verschiebe nichts auf Morgen, was Du nicht genauso gut auf Übermorgen verschieben könntest.« Machen SIE es sich zur Gewohnheit, ALLES immer sofort anzufangen, denn wer den ersten Schritt getan hat, der hat die Hälfte des Weges bereits geschafft. Indem Sie das tun, bereichern Sie nicht nur das eigene Leben, sondern helfen auch anderen, etwas ganz besonderes aus ihrem Leben zu machen. Leben Sie ein ganz besonderes Leben und fangen Sie gleich damit an.

Glück ist auch: »Genießen können«

Genießen ist eine Kunst, die leider nirgendwo gelehrt wird. Dabei ist sie unverzichtbar, wenn wir wirklich glücklich sein wollen. Also werden Sie Ihr eigener Lehrer und fangen Sie gleich mit dem Unterricht an. Zuerst lassen Sie alles los, was Sie beim Genießen stört und alles heißt wirklich ALLES. Seien Sie dabei ganz rigoros und wundern Sie sich nicht, wie viele Hindernisse Sie bisher in Ihrem Leben geduldet haben. Machen Sie keine Kompromisse dabei. Alles was stört, muss raus aus Ihrem Leben. Und dann machen Sie sich bewusst, was Sie am liebsten genießen möchten. Machen Sie sich eine lange Liste, denn wenn Sie erst einmal genau wissen, was Sie wollen, findet sich auch ein Weg, es zu bekommen. Glück ist aber auch, das Erreichte zu genießen, also machen Sie sich auch einmal bewusst, was Sie alles schon in Ihrem Leben erreicht haben und was vielleicht inzwischen selbstverständlich geworden ist. Und wenn die Versuchung winkt, folgen Sie ihr, Sie wissen nicht, ob sie noch einmal vorbeikommt. Wenn Sie alt sind, werden Sie nur bereuen, was Sie versäumt haben zu tun und zu erleben. Machen Sie sich bewusst, dass ein Platz auf der Sonnenseite des Lebens auf Sie wartet und darauf, dass Sie aus Ihrem Leben ein Meisterwerk machen. Und nicht vergessen, das Leben ist ein Spiel. In diesem Spiel des Lebens geht es nicht darum zu gewinnen, sondern darum, den Weg zu genießen. Sie können gleich damit beginnen.

Auch Gesundheit ist Glück

Gesundheit ist ein Teil unseres Glücks, die wir meist erst schätzen, wenn wir sie verloren haben. Zu oft ruinieren wir in der ersten Hälfte des Lebens unsere Gesundheit, um zu Geld zu kommen und geben in der zweiten Hälfte das Geld wieder aus, um wieder gesund zu werden, meist mit geringem Erfolg, oder dem einzigen Erfolg, dass das Geld auch wieder weg ist. Auch unsere Gesundheit gehorcht ganz klaren Gesetzmäßigkeiten. Wenn ich sie missachte, werde ich zuverlässig krank. Aber genau so zuverlässig kann ich wieder gesund werden, wenn ich meinem Körper optimale Bedingungen schaffe. Einige dieser Bedingungen sind Ihre Überzeugungen. Prüfen Sie doch gleich einmal, ob Sie sich für gesund halten? Ob Sie in Ihrem Selbstbild ein Gesunder sind. Schaffen Sie sich die feste Überzeugung, gesund zu SEIN und empfinden Sie das als natürlichen Teil Ihres Wesens. Es gehört einfach zu Ihnen, gesund zu sein und Ihr Körper wird sich alle Mühe geben, diese Überzeugung zu verwirklichen. Natürlich sollten Sie sich gesund ernähren, ausreichend bewegen und möglichst nicht rauchen, aber das Wichtigste sind Ihre Überzeugungen, denn wovon Sie überzeugt sind, das schafft das, wovon Sie überzeugt sind. Sie müssen gar nichts tun, um Ihr Leben zu verlängern, es genügt, dass Sie AUFHÖREN ES ZU VERKÜRZEN. Wer weiß – vielleicht begegnen wir uns eines Tages mit 80 beim Tennis, mit 90 beim Tanzen, oder mit 100 beim Golf und erkennen uns an der fast übermütigen Lebensfreude, die aus unseren Augen blitzt und wissen, das ist auch Einer, der das Geheimnis kennt, das eigentlich gar keines ist.

Gesund und vital bis ins hohe Alter

Es ist nicht zu übersehen, dass manche Menschen gesünder und glücklicher sind, als andere. Da muss man sich doch fragen: »Was machen die anders und vor allen Dingen, warum gehöre ich nicht dazu?« Unsere Gesundheit ist zu wertvoll, um sie den Ärzten zu überlassen, wir müssen schon selbst etwas tun. Es zeigt sich immer deutlicher, Krankheit und vorzeitiges Altern ist ein Produkt unnatürlicher Lebensgewohnheiten. Der Weg zur Gesundheit und Vitalität ist weitgehend bekannt und besteht aus vielen kleinen Schritten und beginnt damit, dass ich das Falsche lasse und wird vollendet, indem ich das Richtige tue. Das was Sie tagtäglich tun, bestimmt, wie lange und vor allem WIE Sie leben werden.

Weder der beste Arzt, noch das teuerste Medikament kann heilen. Das kann nur die natürliche Heilkraft Ihres Körpers und die wartet darauf, dass Sie, sie aktivieren und ist bereit, Ihren Körper gesund und vital zu halten, solange Sie ihn brauchen.

Keine Angst vor dem Alter

Bewusst oder unbewusst haben viele Menschen Angst vor dem Alter. Das wird besonders deutlich, wenn die ersten grauen Haare auftauchen oder die ersten Fältchen sichtbar werden und unbewusst haben viele das Gefühl »von nun an geht es bergab«. Das entspricht aber keineswegs der Wirklichkeit, wenn Sie das aber erwarten, werden Sie es auch so erleben. Tatsache ist, dass Sie genau wissen, wie sich ein alter Mensch fühlt, nämlich genau so, wie Sie jetzt, denn Ihr wahres Sein wird nicht älter. Und auch der Körper kann bis ins hohe Alter ein wunderbares Werkzeug sein, wenn Sie RECHTZEITIG dafür sorgen. Gesundheit und Vitalität sind machbar. Was aber kaum einer weiß ist, dass JEDES Alter seinen besonderen Reiz und seine eigene Schönheit hat. Während ich diese Zeilen schreibe, bin ich bereits über siebzig, aber fühle mich wie dreißig und wenn mir jemand die Chance gäbe, jünger zu sein, aber auch mit dem Bewusstsein von damals, ich würde ganz sicher nicht tauschen wollen. Manche Dinge fallen mit zunehmendem Alter weg, oder verlieren an Bedeutung, aber ich kann Ihnen versichern, es tauchen dauernd neue interessante Möglichkeiten auf, mit denen ich nie gerechnet hätte. So lasse ich mich jeden Tag überraschen, welche neuen Möglichkeiten das Leben zu bieten hat und es überrascht mich immer wieder, was es alles noch zu entdecken und zu erleben gibt. Ältere Menschen sind oft deutlich glücklicher, als junge, weil sie gelernt haben, die Schönheiten des Lebens auch wirklich zu genießen und nichts mehr als selbstverständlich zu nehmen. JEDER neue Tag ist ein Geschenk, aber wenn Sie nicht nur älter, sondern auch bewusster werden, dann WISSEN Sie, das Schönste kommt erst noch, denn auch der Tod ist kein Ende, sondern nur ein Übergang zu Ihrem eigentlichen SEIN, zu dem, der Sie wirklich sind.

Ihr Glück hängt nicht davon ab, ständig zu gewinnen

Manche Menschen können einfach nicht verlieren. Sie wollen immer und in jedem Fall gewinnen und wenn das einmal nicht gelingt, dann sind sie am Boden zerstört und brauchen lange, um sich von diesem »Schlag« zu erholen. Viel schlimmer aber ist, wenn sie dann gewinnen, sind sie keineswegs glücklich, denn das haben sie ja ohnehin erwartet. Dieses ständige gewinnen wollen betrügt Sie also letztlich um das ersehnte Glück. Ich habe einmal in Kyoto einem Kindergarten zugeschaut, beim Wettrennen und da ich das nicht gleich erkennen konnte, fragte ich: »Wie stellen Sie denn fest, wer gewonnen hat?« Die Antwort war nur ein Wort, aber hat mich noch jahrelang beschäftigt. Der Leiter antwortete nur: »Wozu?« Ich war in meinem anerzogenen Konkurrenzdenken so verhaftet, dass es mir selbstverständlich erschien, den Sieger festzustellen. Damals habe ich erkannt, dass dieses Verhalten nur Verlierer schafft, denn auch der Sieger siegt solange, bis er zum Verlierer wird. Wenn jeder aber nur mit sich selbst konkurriert, gibt es nur Gewinner. Ich muss dabei auch nicht besser sein, als GESTERN, es genügt zu sehen, wie gut ich HEUTE bin.
Lassen Sie daher das Konkurrenzdenken vollkommen los. Vergleichen Sie sich nicht mehr mit anderen, denn jeder ist einmalig und so sind Sie absolut unvergleichlich. Seien Sie einfach einmalig und seien Sie glücklich, mit dem was ist.

Sie sind ein Gewinner

Machen Sie sich einmal bewusst, dass sie von Natur aus ein Gewinner sind, denn die Tatsache, dass Sie geboren sind, beweist das. Bei Ihrer Zeugung gingen 300 Millionen Samenzellen an den Start. Jede wollte die Erste sein – aber Sie haben gewonnen. Sie haben das erste und entscheidende Rennen in Ihrem Leben gewonnen, sonst wären Sie nicht hier!
Sie sind offensichtlich etwas ganz Besonderes. Nie wieder im Leben werden Sie gegen eine solche Konkurrenz antreten. Wenn Sie das geschafft haben – und Sie HABEN es geschafft – dann ist alles, was danach kommt, für Sie ein Kinderspiel.
Machen Sie sich bewusst, auch in Ihrem Leben können Sie nur gewinnen. Ganz gleich um was es geht. Zuerst gewinnen Sie einen Eindruck von der Situation. Dann gewinnen Sie die Erkenntnis Ihrer Macht, etwas unternehmen und ändern zu können. War das falsch, gewinnen Sie gleich dreimal:

1. Die Einsicht, dass es falsch war.
2. Die Erkenntnis, wie es richtig sein sollte.
3. Die Chance, es beim nächsten Mal besser zu machen.

War es gleich richtig, was Sie getan haben, gewinnen Sie den »erwünschten Endzustand«. Letztlich gewinnen Sie Freude und Dankbarkeit und die »Leichtigkeit des Seins«.

Leben Sie von nun an ganz bewusst als GEWINNER!

Legen Sie sich die richtigen Gewohnheiten zu

Die Gewohnheit sagt:
Ich bin Dein steter Begleiter. Ich bin Dein größter Helfer und Deine schwerste Last. Ich werde Dich vorwärts bringen oder Dich ins Verderben stürzen. Ich folge Deinen Befehlen voll und ganz. Ein Teil der Dinge, die Du tust, könntest Du getrost mir überlassen, und ich würde sie schnell und sicher erledigen. Ich bin leicht zu handhaben – Du musst nur streng zu mir sein. Zeige mir genau, wie Du etwas getan haben willst, und schon nach einigen Wiederholungen werde ich es automatisch tun. Ich bin der Diener aller großen Menschen und leider auch der aller Versager. Diejenigen, die groß sind, habe ich groß gemacht. Diejenigen, die Versager geworden sind, habe ich dazu gemacht. Ich bin keine Maschine, arbeite aber mit maschinengleicher Genauigkeit und der Intelligenz eines Menschen. Du kannst mich zu Deinem Nutzen einsetzen oder zu Deinem Verderben – für mich macht das keinen Unterschied. Nimm mich, trainiere mich, sei streng zu mir, und ich werde Dir die Welt zu Füßen legen. Behandle mich leichtfertig, und ich werde Dich zerstören. Wer ich bin? Ich bin die Gewohnheit!

Zweiteinkommen

Schaffen auch Sie sich eine traumhafte Altersversorgung, sodass Sie die »zweite Halbzeit« in Wohlstand genießen können. Wir werden einen immer größer werdenden Teil unseres Lebens im Ruhestand verbringen, aber die Meisten werden diese Zeit in Armut erleben, auch wenn Sie heute gut verdienen, wenn Sie nicht sinnvoll vorsorgen.

Das staatliche Rentensystem ist längst überfordert und wir müssen daher die Verantwortung für unsere Altersvorsorge selbst übernehmen.

Ihr größter Feind ist dabei die meist unterschätzte Inflation, die Ihre Rente in 2o Jahren halbiert. Leider planen die meisten Menschen Ihren Urlaub sorgfältiger, als Ihr Leben und denken über ihre finanzielle Entwicklung meist gar nicht nach, oder verschieben das auf später.

Aber auch wenn Sie sofort damit beginnen erkennen Sie, dass Ihnen zu wenig Geld übrig bleibt, um wirklich ausreichend vorzusorgen.

Hier bietet Ihnen z.B. die Naturmittelvertriebs GmbH einen interessanten Weg. Sie lernen dort, wie man sich seine Gesundheit bis ins hohe Alter erhält und sein Leben auf gesunde Weise verlängern kann. Sie können dann wertvolle Zweiteinkommen machen, indem Sie diese mit anderen teilen und so auch anderen helfen, immer gesünder und vitaler zu werden.

Werden Sie Partner in einer Gemeinschaft, die sich genau das zur Aufgabe gemacht hat, dass Gesundheit unser ganz natürlicher Zustand ist und Krankheit unnatürlich und vermeidbar ist.

Als TC-Partner können Sie nebenberuflich ein so unglaubliches Vermögen schaffen, dass Sie sich in wenigen Jahren mit einer Rente / Pension zur Ruhe setzen, von der Sie heute nicht einmal träumen können.

Dabei bestimmen Sie selbst, wie viel Sie verdienen wollen und wie schnell Sie so zu wirklichem Wohlstand kommen.

Wenn du träumen willst, schlaf weiter.
Aber denke daran, auch träume haben ihren Preis.

Das Leben genießen

Ob Sie Ihr Leben wirklich genießen, hängt zu einem großen Teil davon ab, ob Ihr Leben mit Wesentlichem erfüllt ist. Der erste Schritt dazu ist, mehr und mehr alles Unwesentliche loszulassen, aber natürlich auch einmal zu klären, was ist denn FÜR SIE wesentlich? Das ist ein lebenslanger Prozess, denn Unwesentliches kann später einmal wesentlich werden und wirklich Wesentliches wird unwesentlich. Anfangs ist Erfolg, Geld, Besitz, Anerkennung, Vorwärtskommen wesentlich und mit zunehmender Reife kann das alles unwesentlich werden. Alles hat auch seine Zeit und so ist das Wesentliche, was FÜR SIE in diesem Augenblick stimmt.

Um das Leben wirklich zu genießen, braucht es aber auch einen gewissen Abstand. Sie sollten mehr und mehr als Beobachter des eigenen Lebens leben und sich immer wieder einmal beim Leben prüfen, ob dabei Ihr Leben so wirklich stimmt. Dabei erkennen Sie auch, dass Leben immer nur JETZT sein kann. Niemand kann »vorher« leben, oder »nachher«, obwohl die meisten Menschen es immer wieder versuchen. Zu Leben als Beobachter zwingt mich, ganz im HIER und JETZT zu sein, meine Gedanken und Gefühle nicht nur zu beobachten, sondern auch bewusst zu lenken. Dann können Sie auch erkennen, dass Dinge und Umstände nie negativ oder positiv sind, sondern einfach nur Dinge und Umstände und IHRE Einstellung macht dann erst etwas positives oder negatives daraus. Sobald Sie das aber erkannt haben, werden Dinge wieder einfach nur Dinge, ohne Bewertung. Kleinste Dinge werden zur Freude und so immer freier und weiter und Sie erkennen das Leben als das einmalige Geschenk, das es in Wirklichkeit ist.

Die richtigen Gewohnheiten schaffen

Unbemerkt bestimmen Ihre Gewohnheiten Ihr ganzes Leben, denn nur zu einem kleinen Teil wählen wir bewusst, was wir denken und tun, den größten Teil handeln wir aus Gewohnheit. Wenn es die richtigen Gewohnheiten sind, dann können sie großartige Helfer sein, auf dem Weg. Bei den meisten Menschen aber sind die Gewohnheiten längst überholt, stimmen gar nicht mehr, bestimmen aber noch immer das Leben und so bestimmt die Vergangenheit die Zukunft. Gewohnheiten sind leicht zu ändern. Das Geheimnis heißt: WIEDERHOLUNG.

Alles, was Sie wiederholt so tun, wird zur Gewohnheit. Sie können Ihre Gewohnheiten zu Ihrem Nutzen einsetzen, oder sie können Sie ins Verderben ziehen, zumindest immer wieder in unnötige Schwierigkeiten bringen. Zeigen Sie Ihrem Unterbewusstsein genau, was Sie und wie Sie etwas getan haben wollen, wiederholen Sie es 20 - 30 mal, indem Sie es sich bildhaft vorstellen, denn die »Sprache des Unterbewusstseins« ist das Bild und Sie werden erstaunt feststellen, dass Ihr Unterbewusstsein getreu danach handelt.

Unsere Gewohnheiten sind unsere treuesten Diener, sie machen die Großen erst groß und die Versager zu Versagern. Ihre Gewohnheiten können Ihnen die Welt zu Füßen legen, aber wenn Sie leichtfertig mit Ihren Gewohnheiten umgehen, können sie Sie auch zerstören.

Ihr treuer Diener Gewohnheit, wartet nur auf Ihre Anweisungen und wird sie sorgfältig und zuverlässig ausführen. Wenn Sie konsequent sind, dann haben Sie in ihren Gewohnheiten einen Freund und Helfer, auf den Sie sich absolut verlassen können und der ihnen hilft zu erreichen, was immer Sie wollen.

Erhalten Sie sich Ihren Glauben

Alle Untersuchungen zeigen, dass religiöse Menschen deutlich glücklicher sind, als diejenigen, die keine religiöse Bindung haben und Ausnahmen bestätigen hier nur die Regel. Religion kann ein Wegweiser sein in einer Welt, die scheinbar immer schwieriger wird. Sie zeigt Zusammenhänge, bietet Antworten, hilft schwierige Zeiten besser zu ertragen. Vor allem gibt die Religion dem Leben einen Sinn und hilft Vertrauen zu haben, in die Zukunft und das Leben. Oft ist sie die Basis für ein unerschütterliches Urvertrauen, dass Gott es schon richten werde und vielleicht ist es gerade dieser Glaube, der dazu führt, dass es dann auch wirklich so kommt, denn schon in der Bibel heißt es: »Einem JEDEN geschieht nach seinem Glauben.«

Machen Sie sich doch einmal bewusst, an was SIE glauben. Wie weit IHR Glaube ein Fundament ist für Vertrauen, wie viel Sicherheit Sie aus Ihrem Glauben schöpfen können. Jeder Glaube ist ein Glaube an Gott, auch wenn er in den verschiedenen Religionen verschiedene »Gesichter« hat und mancher große Physiker ist am Ende seiner Forschung als Wissenschaftler auf die EINE Kraft gestoßen, die wir Gott nennen. Schaffen Sie sich Ihr eigenes Weltbild und vor allem Ihre eigene Lebensphilosophie, aus der Sie dieses Leben führen und die Sie vielleicht wieder zu einem tiefen Glauben führt, an eine Kraft, die unvorstellbar ist und doch das Leben eines jeden Einzelnen bestimmt, ganz gleich, wie wir sie nennen. Erhalten Sie sich Ihren Glauben, denn er macht Ihr Leben reicher und lebenswerter und Sie sicher auch glücklicher.

Die »Macht des Glaubens«

Das, was Sie glauben, bestimmt das, was Sie erleben. Die
Welt erleben wir so, wie wir glauben, dass sie ist. Wir glauben
zu viel an die Macht des Wissens und wissen zu wenig von
der Macht des Glaubens. Über Ihre Lebensumstände werden
Ihre innersten Überzeugungen sichtbar und auch Ihr Selbstbild ist eine Überzeugung, die Sie als Realität erleben. Dabei
haben Sie die Wahl, Ihre Überzeugungen zu wählen. Tun Sie
das nicht, dann übernehmen Ihre bisherigen Überzeugungen
die Gestaltung Ihrer Zukunft. Denn das, wovon Sie überzeugt
sind schafft das, wovon Sie überzeugt sind. Die wichtigsten
und wirksamsten Ursachen für Ihr Schicksal sind Ihre Überzeugungen. Ihre Überzeugungen bestimmen, wann, was, wie
in Erscheinung tritt.
Machen Sie daher bewussten Gebrauch von der Macht des
Glaubens und wählen Sie bewusst Ihre Überzeugungen. Machen Sie sich in jedem Bereich Ihres Lebens Ihre Überzeugungen bewusst, die diesen Bereich bestimmen und wandeln Sie,
sie entsprechend Ihrem Ideal um, sodass sie nur noch eine
Ihnen wirklich entsprechende Zukunft verursachen können,
eine Zukunft in der Sie sich wohl fühlen und glücklich sind.
Die Macht des Glaubens ist jederzeit bereit, Ihr ganzes Leben zu verwandeln, wenn Sie wollen JETZT – es liegt in Ihrer
Hand, denn jeder ist seines Glückes Schmied.

Schritte zum sicheren Wohlstand

Hier noch einmal die wichtigsten Schritte die zu Wohlstand führen:

- Schaffen Sie sich ein »Wohlstandsbewusstsein«.
- Das Selbstbild optimieren.
- Ballast loslassen – Ärger, Stress usw.
- Wählen Sie Wohlstandsfördernde Überzeugungen.
- Werden Sie »vermögend« – vermögend ist, wer viel vermag. Ihre Lebensumstände machen Ihre Überzeugungen sichtbar. Schaffen Sie sich eine »INNERE ERFOLGS-FORMEL«.
- Schaffen Sie Zielklarheit und führen Sie Ihr Leben!
- Erreichen Sie alles mit dem geringsten Aufwand.
- Erleben Sie zunächst JEDES Vorhaben in Ihrer Phantasie.
- Durch »angewandte Imagination« wird eine Möglichkeit der Zukunft zur erlebten Realität der Gegenwart.
- Zum wirklichen Wohlstand gehört mehr, als nur Geld.
- BEVOR Sie beginnen, steht schon fest, wie es ausgeht – nämlich durch: Ihre Identifikation, Ihr Mangel- oder Wohlstandsbewusstsein und durch die bisher gesetzten Ursachen.
- Lernen Sie die »Kunst des Wandelns«.
- Optimieren Sie Ihre Einstellung zu Geld.
- Machen Sie Geldverdienen zu Ihrem Hobby.
- Kleingeld täglich sparen.
- Sein Leben wirklich »führen« lernen.

Das Vergangene ist schon vorüber,
das Zukünftige ist noch nicht da, in der Gegenwart
ist keine Heimat, denn kaum hast Du sie wahrge-
nommen, ist sie schon vorbei. Alles wandelt sich
ohne Unterlass. Namen und Worte sind selbst
geschaffene Verwirrung. Lass alle Einbildung fallen,
und erforsche Dich, bis kein Forschen mehr möglich ist. Dann erkenne, dass der Weg das Ziel ist
– das Ziel ist nur das Ende des Weges.

Das ganze Geheimnis ist:
Weniger ausgeben, als man einnimmt. Nie mehr »arbeiten«
und »bezahlter Urlaub für immer«. Machen Sie niemals
Schulden. Sollten Sie welche haben, beginnen Sie sofort sie zu
tilgen. Schulden verhindern zuverlässig Ihren Wohlstand. Sen-
ken Sie konsequent Ihre Ausgaben. Das beste Sparprogramm
ist ein Kostensparprogramm. Zettel im Portemonnaie: »Muss
das wirklich sein?« Gewöhnen Sie sich das Rauchen ab. Intelligent telefonieren. Fahren Sie einen gebrauchten Wagen.
Optimieren Sie Ihre Lebensversicherung. Vermögensaufbau
zum Nulltarif.
Machen Sie sich reich werden zur Gewohnheit. Erhöhen Sie
ständig Ihr Einkommen. Steigern Sie ständig Ihr Wissen und
Ihr Können. Schaffen Sie sich ein interessantes Zusatzein-
kommen. Lassen Sie Ihr Geld für sich arbeiten. Legen Sie niemals alle Eier in ein Nest. Legen Sie Geld nie unter 12% an.
Das größte Risiko geht der ein, der kein Risiko eingehen will.
Nicht warten, sondern starten.
Wer diese Schritte zum Wohlstand konsequent umsetzt, der
wird systematisch reich und bleibt es auch!

Was ist Glück?

Wenn wir ein glückliches Leben, leben wollen, sollten wir
uns einmal bewusst machen, was für uns Glück bedeutet.
Dabei werden Sie erkennen, dass Glück keineswegs Glücks-
sache ist, sondern, dass man dafür sorgen kann, dass man es
hat, wenn man es braucht. Glück ist ein Geheimnis, das darauf wartet, entdeckt zu werden. Glück ist nichts, was man

HABEN kann, es ist ein Zustand der Seele. Es ist nicht von den Umständen abhängig, sondern eher das Talent, wirklich zu leben. So zu leben, dass man Achtung vor sich selbst haben kann und sich in sich selbst wohl fühlt.

Glück ist einverstanden Sein mit dem was IST und sein Glück nicht auf Morgen zu verschieben, sondern es sich zur Gewohnheit zu machen, glücklich zu sein. Glück ist alles MUSS aus seinem Leben zu entfernen und zu wissen, was man will, dann findet man auch seinen Weg.

Glück ist, sich seinen Traum bewusst machen, ihn zu verwirklichen und vor allem, ihn auch zu genießen. Glück ist zu einem großen Teil die »Kunst des Genießens« zu beherrschen und täglich zu optimieren und so ein immer größerer Lebenskünstler zu werden. Glück ist auch, das was ist, in das zu wandeln, was sein soll. Glück ist auch, den königlichen Weg der Erkenntnis zu gehen um sich so den üblichen Weg des Leidens zu ersparen. Und wenn ich es mir irgendwo schwer mache, ist das nur eine Botschaft des Lebens an mich, dass es anders leichter ginge. Vielleicht ist Glück einfach das, was ich aus meinem Leben mache.

Das Glück liegt in Dir

Die Suche nach dem Glück begleitet uns ein Leben lang. Kinder wissen, dass das Glück ein ständiger Begleiter des Lebens ist, aber irgendwann stecken wir unsere Erwartungen immer weiter zurück, sind schon froh, wenn wir größeres Unglück vermeiden können, oder geben die Suche nach dem Glück schließlich ganz auf. Wir suchen nach dem Glück, haben aber gar keine Vorstellung, was Glück eigentlich ist. Wir glauben, dass Glück etwas ist, das man haben kann und so suchen wir Glück im Reichtum, in der Macht, im Ruhm oder im Sex und meinen, wenn wir das erst einmal haben, dann sind wir glücklich. Der Hungrige meint, er sei der glücklichste Mensch der Welt, wenn er nur genug zu essen hätte. Ist er dann satt, sehnt er sich nach einer Wohnung und in weiterer Folge nach einem eigenen Häuschen.

Es fehlen ihm noch ein idealer Partner und Kinder. Bei all der Jagd nach dem Glück ist er alt geworden, ohne glücklich zu sein. Der Tod erlöst ihn vorübergehend »zum Glück«. So geht die sinnlose Jagd in einem neuen Leben weiter. Bis er irgendwann erkennt, dass man Glück nicht jagen, oder besitzen kann, denn Glück ist ein Zustand, der IST. Glück ist dort zu finden, wo Menschen im Einklang leben – meint Ihr Kurt Tepperwein.

Alles in heiterer Gelassenheit genießen

Da das Spiel des Lebens nur Ihnen zur Freude gespielt wird, sollten Sie dieses Spiel auch wirklich genießen und Ihre Freude nicht mehr davon abhängig machen, was gerade geschieht, denn ALLES ist nur ein Teil dieses ewigen Spiels. Also prüfen Sie einmal, wo es Ihnen noch Schwierigkeiten macht, das Geschehen zu genießen und erkennen Sie auch das als einen Teil des Spiels. Stellen Sie sich eine schöne Situation Ihres Lebens vor, die Sie ganz von selbst genießen. Gehen Sie einmal ganz in diese Situation hinein und machen Sie sich bewusst, wie wohl Sie sich fühlen. Erleben Sie einmal ganz intensiv dieses

Wer zu einem großen Ziel unterwegs ist,
der sollte sich an Kleinigkeiten nicht aufhalten.

Gefühl des Glücks und der Erfüllung. Und nun bleiben Sie in diesem Gefühl und stellen sich dabei aber einmal eine Situation vor, die ganz normal ist, die nicht besonders glücklich macht, aber bleiben Sie dabei ganz glücklich und Sie erleben, dass Ihr Gefühl, Ihr Glück und Ihre Erfüllung nicht abhängig sind von dem, was gerade geschieht.

Und wenn Ihnen das gut gelungen ist, gehen Sie noch einen Schritt weiter. Stellen Sie sich eine besonders schwierige Lebenssituation vor und bleiben Sie auch dabei in dem Gefühl des Glücks und der Erfüllung. Lernen Sie so Schritt für Schritt auch wirklich schwierige Situationen, als Teil des Spiels zu genießen. Bleiben Sie einfach bei allem, was geschieht in dieser heiteren Gelassenheit.

Bewusst glücklich sein

Auch glückliche Menschen bekommen nicht immer alles, was sie sich wünschen. Unglückliche Menschen setzen sich oft unerreichbare Ziele und schaffen sich damit einen ständigen Grund, unglücklich zu bleiben. Setzen Sie sich erreichbare Ziele und freuen Sie sich darüber, wenn Sie wieder einmal eines erreicht haben. Vor allem aber entscheiden Sie sich dafür, ein glücklicher Mensch zu sein, denn Glück ist völlig unabhängig von äußeren Umständen. Fangen Sie doch gleich einmal an, glücklich zu sein, einfach so. Seien Sie einmal hier und jetzt so glücklich wie es Ihnen eben möglich ist.

Und nun seien Sie noch ein wenig glücklicher – ich meine NOCH glücklicher. Na also, es geht doch! Und es hat sich nichts geändert, nur SIE haben sich geändert.

Halten Sie öfter einmal inne und schauen, wie glücklich Sie gerade sind und seien Sie ein wenig glücklicher. Und irgendwann wenn Sie wieder einmal prüfen, wie glücklich Sie gerade sind, stellen Sie fest, dass Sie ganz ohne besonderen Anlass immer noch so richtig glücklich sind. Und dann wissen Sie, Glück ist ein Zustand der Seele, den Sie selbst jederzeit zuverlässig herbeiführen können, ganz gleich, was im Außen dabei gerade geschieht, irgendwann schaffen Sie es sogar, auch unter unerfreulichen Umständen trotzdem richtig glücklich zu sein und dann haben Sie es geschafft Ihr Glück ist nicht mehr abhängig von irgendwelchen Umständen – Sie sind ein GLÜCKLICHER geworden. Sie könnten sich noch glücklicher machen, indem Sie Ihr Geheimnis mit anderen teilen.

Schaffen Sie sich eine ständig wirkende Glücksformel

Überall im Universum ist Fülle und sie ist ein wichtiger Teil unseres wahren Wesens. Wenn Sie in einem Bereich unseres Lebens nicht, oder nicht umfassend in Erscheinung tritt, dann muss es in Ihrem Bewusstsein Überzeugungen geben, die das erfolgreich verhindern. Machen Sie sich daher diese Überzeugungen einmal bewusst und wandeln Sie jede Misserfolgsformel in eine permanent wirkende Glücksformel um. Beseitigen Sie alle Vorstellungen von Mangel, Pech und Unglück aus Ihrem Bewusstsein und schaffen Sie sich für jeden Bereich Ihres Lebens eine wirksame Glücksformel. Machen Sie sich diese neuen Überzeugungen immer wieder bewusst und bejahen Sie, sie innerlich, sodass sie von Tag zu Tag stärker und schneller wirken. Laden Sie, sie mit Ihrer Bejahung ständig auf und machen Sie sich bewusst, dass jede dieser Glücksformeln von nun an Tag und Nacht für Sie tätig ist, um Ihr Leben immer erfüllter und glücklicher zu machen. Sie verändern wie ein Zauber Ihr ganzes Leben und ziehen nach dem Gesetz der Resonanz entsprechende Umstände in Ihr Leben. Umstände allein können zwar nicht glücklich machen, denn Glück ist ein Zustand der Seele und den können nur Sie herstellen, aber sie können das Glück doch ziemlich belasten. Außerdem ist die Fülle Ihr geistiges Erbe, also schaffen Sie sich ruhig auch beglückende Umstände, damit Ihr Glück durch nichts getrübt wird.

Der sichere Weg zum Glück

Ein sicherer Weg zum Glück ist ganz bewusst das zu tun, was Sie gerade tun. Das heißt zunächst einmal, bewusst ganz DA zu sein, wo Ihr Körper ist, im HIER und JETZT. Bewusst zu essen, wenn Sie essen, bewusst zu lesen, wenn Sie lesen, bewusst zu reden, wenn Sie reden, bewusst zu arbeiten, wenn Sie arbeiten und bewusst zu ruhen, wenn Sie ruhen. Es ist dabei nicht wichtig, was Sie tun, sondern es kommt nur darauf an, wie Sie es tun.

Ihre bewusste Aufmerksamkeit adelt jede Tätigkeit und Sie erleben bewusst die »Ästhetik Ihres Handelns«. Das kostet nicht mehr Zeit, im Gegenteil, wenn Sie etwas bewusst tun, IST es getan und Sie können es loslassen. Sie brauchen es nicht überprüfen, nicht korrigieren, es ist vollkommen getan. Geben Sie einmal jemandem bewusst die Hand mit Ihrer ganzen Aufmerksamkeit und spüren Sie, was der Andere sagt, ohne es auszusprechen. Legen Sie einmal Ihr ganzes Bewusstsein in Ihre Hände und erleben Sie mit, was Ihre Hände tun. Bewusst einen Kugelschreiber in die Hand nehmen, oder den Telefonhörer, eine Türklinke, einen Brief, ein Glas, oder ein Stück Brot. JEDE Tätigkeit kann so zu einem bewussten Erlebnis werden.

Bewusst im Gleichgewicht sein, bewusst Auto fahren, aber auch sich seinen Körper von Kopf bis Fuß bewusst zu machen und ihn zu spüren. In sich zu ruhen und bewusst zu dem zu erwachen, was Leben wirklich heißt.

Das ist alles, aber was folgt, ist ein Wunder.

Das Glück liegt nur im JETZT

Wir erwarten Glück meistens durch eine Änderung der Umstände. Diese Suche nach dem Glück in den Umständen beginnt schon vor dem Kindergarten.

Wenn ich erst einmal in den Kindergarten darf, DANN bin ich glücklich.

Wenn ich erst einmal groß bin und zur Schule gehe, dann ...

Wenn ich erst einmal die »olle Penne« hinter mir habe, dann ...

Wenn ich erst einmal mein Abitur / Matura habe, dann ...

Wenn ich endlich die Lehre geschafft habe, dann ...

Wenn ich erst einmal mein Studium erfolgreich abgeschlossen habe, dann ...

Wenn ich erst einmal beruflich erfolgreich bin, dann ...

Wenn ich einen Partner habe, mit dem ich meinen Erfolg teilen kann, dann ...

Wenn wir erst einmal ein eigenes Kind haben, dann ...
Wenn wir erst einmal ein eigenes Häuschen haben, dann ...
Wenn die Kinder etwas Ordentliches geworden sind, dann ...
Wenn die Kinder aus dem Haus sind, dann ...
Wenn das Häuschen abgezahlt ist und wir keine finanziellen Verpflichtungen mehr haben, dann ...
Irgendwann ist das alles erreicht, glücklich bin ich immer noch nicht, nur alt! Ich habe mein Leben vertan, indem ich immer auf das Morgen gehofft habe, anstatt, das Heute zu nutzen.
In Wirklichkeit ist Glück unabhängig von den Umständen. Worauf es ankommt, ist den Weg zu genießen, das ist wahres Glück!

Finden Sie Ihre optimale Grundhaltung zum Leben

Manche sind erfolgreicher, gesünder, und glücklicher als andere. Da muss man sich doch fragen: »Was machen die anders?« »Warum gehöre ich nicht dazu?« Wenn wir genauer hinschauen, erkennen wir, dass diese Menschen eine positive Grundhaltung zum Leben haben. Sie erwarten einfach, dass das Leben ein Geschenk ist und eine ständige Quelle der Freude und das tut es dann auch, weil diese Haltung genau das verursacht. Dazu gehört auch das Urvertrauen, dass alles irgendwie gut ausgeht.
Wenn Sie diese positive Einstellung nicht durch günstige Umstände mit auf den Weg bekommen haben, sollten Sie, sie sofort schaffen. Machen Sie sich bewusst, dass das Leben das ist,

was Sie daraus machen und dass Ihre Überzeugungen sich als Realität manifestieren und schaffen Sie sich entsprechende Überzeugungen und eine optimale Grundhaltung, die genau das Leben hervorbringt, das Sie leben möchten. Das Leben ist einfach zu wichtig, um es dem Zufall zu überlassen. Sorgen Sie dafür, dass Sie nicht nur existieren und funktionieren, sondern wirklich leben. Optimieren Sie Ihr »Werkzeug Mensch«, mit dem Sie hier unterwegs sind und geben Sie ihm die Haltung mit, in der Sie sich wohl fühlen. Dann brauchen Sie im Einzelnen gar nicht mehr viel tun, denn diese Haltung schafft das, was Sie glücklich macht.

Werden Sie bewusst sympathisch

Stellen Sie sich einmal vor, Sie sind so, wie Sie am liebsten sein möchten, sodass Sie Achtung vor sich selbst haben und sich in sich so richtig wohl fühlen. Und nun richten Sie Ihre Aufmerksamkeit auf einen anderen Menschen und finden Sie bei ihm etwas Sympathisches. Sie werden sehen, dass Sie bei JEDEM etwas Sympathisches finden und sollten Sie wirklich jemanden kennen, der wirklich rundum unsympathisch ist, dann bewundern Sie einfach seine Konsequenz. Indem Sie Ihre Aufmerksamkeit auf etwas Sympathisches beim Anderen richten, können Sie es nicht vermeiden, Sympathie auszustrahlen und der Andere kann es nicht vermeiden, Sie sympathisch zu finden. Das ist das ganze Geheimnis der Sympathie und Sie haben es in der Hand es immer wieder zu erproben und werden dabei immer wieder die gleiche Erfahrung machen, es funktioniert in JEDEM Fall. So begegnen Sie ab sofort nur noch sympathischen Menschen, wenn Sie einfach STÄNDIG davon Gebrauch machen. Machen Sie es sich zu Gewohnheit, bei Ihrem Partner JEDEN Tag etwas neues Sympathisches zu entdecken und SAGEN Sie es ihm auch, das wird Ihrer Liebe gut tun. Und Sie werden sich viel glücklicher fühlen, wenn jeder Sie mag und Sie nur noch mit sympathischen Menschen zusammen sind. Machen Sie Freundlichkeit und Verständnis zu Ihrer Grundhaltung und erwarten Sie nicht, dass die anderen das auch tun. Tun SIE es, weil es Ihr Leben bereichert und Sie bereichern damit auch das Leben von anderen Menschen.

Alles ist gut, so wie es ist

Alles ist in jedem Augenblick vollkommen, so wie es ist und wenn Sie dazu JA sagen können, dann ist es gut, so wie es ist. Nichts braucht sich zu ändern, obwohl sich alles ständig ändert. Auch Sie müssen nicht besser werden, Sie SIND schon besser. Wenn Sie aber erkennen, dass Sie etwas besser machen können, dann machen Sie es besser. Nichts kann Sie daran hindern. Das Einzige, was Sie hindert, ist der Gedanke und die Überzeugung, dass es etwas gibt, das Sie hindert. Ob Sie die Welt lieben, oder ablehnen, ist für die Welt ohne Bedeutung, aber der Unterschied für SIE ist gewaltig. Wir wollen gern endlich die Probleme loswerden, die Schwierigkeiten im Beruf, die Auseinandersetzung mit dem Partner, die Raten für das Auto, den Ärger mit den Handwerkern, Kindern usw. Wir wollen alles das endlich loswerden, aber das IST das Leben und wenn Sie es endlich los sind, ist es nur vorbei und Sie haben versäumt, es zu genießen. Niemand kann Sie hindern, so zu sein, wie Sie immer schon wollten, aber wenn Sie es sind,

Man weiß, dass es ein gutes Buch war, wenn einem
beim Umblättern der letzten Seite so zumute ist,
als hätte man einen Freund gefunden.

was ist dann anders? Sind Sie dann besser? Der Beste, oder
Größte zu sein, beweist gar nichts. Wem wollen Sie etwas beweisen und wozu? Die Tatsache, dass ein anderer Recht hat,
bedeutet nicht, dass Sie Unrecht haben. Vielleicht haben ja
beide Recht, oder beide haben Unrecht und für wen ist das
wichtig? Wenn wir immer etwas anderes wollen, als wir vom
Leben bekommen, kann das Leben sehr hart sein. Wenn wir
lernen, das zu lieben, was wir bekommen, kann das Leben
herrlich leicht sein. Es ist viel leichter zu wollen, was man
bekommt, als zu bekommen, was man will. Und was bringt
es, wenn Sie bekommen, was Sie wollen? Sie wissen erst hinterher, ob das wirklich besser ist. Wir denken, das Wollen sei
die Quelle unserer Zufriedenheit. In Wirklichkeit ist es die
Ursache für unsere Unzufriedenheit. Hören Sie auf zu Wollen
und alles ist gut, so wie es ist.

Freuen Sie sich an dem, was Sie haben

Die meisten Menschen schauen immer auf die wenigen Dinge
in ihrem Leben, die gerade nicht, oder noch nicht in Ordnung
sind und sind sich gar nicht mehr bewusst, wie viel sie schon
erreicht haben und was alles optimal ist. Es ist nur eine Änderung der Sichtweise erforderlich, um Ihr Leben reicher und
glücklicher zu machen. Probieren Sie es doch gleich einmal
aus. Machen Sie eine Liste der Dinge, die in Ihrem Leben gut
sind und vergessen Sie dabei auch scheinbare Selbstverständ-
lichkeiten nicht. Dass Sie ein Dach über dem Kopf haben, dass
Sie genug zu Essen haben, dass Sie Ihre Familie bei sich haben,
dass Ihre Kinder etwas ordentliches machen, dass Sie genü-

gend Geld haben, dass Sie gesund sind usw. Sie werden erstaunlich viel finden und wenn Sie wollen, machen Sie dann, aber erst dann eine Liste der Dinge, die nicht in Ordnung sind und Sie werden sehen, dass Ihnen da sehr viel weniger einfällt, einfach weil das Meiste tatsächlich eben in Ordnung ist.

Hören Sie auch auf zu vergleichen, was andere mehr oder besser haben, als Sie, sondern prüfen Sie, ob das für IHR Leben wirklich wichtig ist. Und wenn, setzen Sie es auf die Liste der erstrebenswerten Dinge und schon haben Sie wieder ein interessantes Ziel. Sie werden immer Menschen finden, die mehr haben, als Sie, aber vergessen Sie nicht die vielen Menschen die davon nicht einmal träumen können, das zu erreichen, was SIE schon haben. Ich denke da immer an die Geschichte von dem Mann, der traurig war, weil er keine Schuhe hatte – bis er einen traf, der keine Füße hatte. Also machen Sie sich immer wieder bewusst, was Sie schon alles erreicht haben und erfreuen Sie sich daran, aber seien Sie sich dabei bewusst, dass Ihr Glück von all dem nicht abhängig ist, denn glücklich zu sein ist eine Fähigkeit des Herzens. Entwickeln Sie Ihr Talent zum Glücklichsein.

Die Schönheit des Handelns

Machen Sie Ihren Arbeitsplatz zum Ort Ihrer Selbstverwirklichung. Handeln Sie im Einklang mit sich selbst und dem Leben und finden Sie Erfüllung in ihrem Tun. Adeln Sie alles Tun durch Ihre vollkommene Aufmerksamkeit und machen Sie so aus allem, was Sie tun etwas ganz Besonderes. Sagen Sie JA zu Ihrem Tun, entscheiden Sie sich ganz für das, was Sie tun, oder ändern Sie es. Lassen Sie sich ganz auf Ihr Tun ein und tun Sie es mit ganzem Herzen, dann bedauern Sie jeden Abend Ihre Freude unterbrechen zu müssen und freuen sich schon auf den nächsten Tag, um wieder weiter machen zu können. Und gestatten Sie dem Leben, Sie dafür fürstlich zu bezahlen, dass Sie tun, was Ihnen ohnehin am meisten Freude macht. Und natürlich setzen Sie sich auch nicht mit einem bestimmten Alter zur Ruhe, denn warum sollten Sie ab einem bestimmten Alter Ihre Freude beenden? Sorgen Sie dafür, dass Ihr Beruf zum Hobby wird und weil Ihnen das so viel Freude macht, sind Sie auch sehr erfolgreich und erleben täglich die Schönheit des eigenen Handelns, während Sie dabei in heiterer Gelassenheit in ihrer Mitte ruhen. Machen Sie keine Kompromisse mehr, entweder es stimmt, oder eben nicht und dann entlassen Sie es aus Ihrem Leben. In JEDEM Bereich Ihres Lebens wartet Ihr Ideal darauf, dass Sie es verwirklichen und leben. Es ist NIE zu spät und wenn Sie wollen, ich meine, wenn Sie WIRKLICH wollen, beginnt die Verwirklichung Ihres Traumes in DIESEM AUGENBLICK!

Spielen Sie die Hauptrolle in Ihrem Leben

Wenn Sie schon ein eigens Leben haben, dann sollten Sie auch die Hauptrolle darin spielen. Sie sind der Regisseur und können das »Drehbuch Ihres Lebens« jederzeit ändern. Und Sie sind der Hauptdarsteller, also schaffen Sie sich einen Maßanzug vom Leben, eine Rolle, die Ihnen »auf den Leib geschrieben ist«. Das beginnt immer mit der genauen Definition. Werden Sie sich klar, was alles dazu gehört und beginnen Sie zunächst einmal damit, loszulassen, was nicht mehr dazu gehört, vielleicht nie dazu gehört hat. Fangen Sie an NEIN zu sagen, wo es nicht mehr stimmt, denn ein NEIN zu einem anderen ist immer ein JA zu sich selbst. Machen Sie sich bewusst, wer eigentlich der Chef Ihres Lebens ist. Jeder hat einen solchen Chef, manche auch mehrere. Das kann die Bequemlichkeit sein, wenn Sie Ihr ganzes Leben danach richten, dann ist die Bequemlichkeit Ihr Chef. Sehr oft sind es auch die anderen, die Ihr Leben bestimmt haben, dann waren DIE der Chef Ihres Lebens. Und wer sollte denn der Chef sein? Wählen Sie den Chef. Vielleicht wählen Sie Verständnis, Weisheit, oder Liebe als Chef. Auf jeden Fall sollten SIE den Chef Ihres Lebens bestimmen, sonst ist es gar nicht IHR Leben. SIE bestimmen das Ziel, den Weg, die Schritte und nur Sie können dafür sorgen, dass Sie den Weg wirklich frohen Herzens genießen.

Helfen Sie sich, indem Sie anderen helfen

Menschen, die anderen helfen, sind viel glücklicher, als die, die immer nur an sich denken. Es kann sehr erfüllend sein, die Augen offen zu halten und zu helfen, wo immer es Ihnen möglich ist. Indem Sie so dem Leben helfen, helfen Sie in Wirklichkeit sich, denn jeder begegnet immer nur sich selbst. Und natürlich ist Hilfe dann nicht weit, wenn Sie einmal Hilfe brauchen, denn das Leben vergisst nichts. Anderen zu helfen ist eine sichere Ursache dafür, sich selbst immer neue Chancen für die eigene Zukunft zu schaffen. Es ist, wie wenn Sie auf ein Konto einzahlen, von dem Sie abheben, wenn Sie einmal etwas brauchen. Sie haben nicht nur das Gefühl etwas Gutes zu tun, Sie TUN etwas Gutes und es kommt auf Sie zurück. So ist es mir ein Bedürfnis, dafür zu sorgen, dass JEDER Mensch, der mit mir in Kontakt kommt, mich bereichernd wieder verlässt und es ist eine faszinierende Herausforderung, herauszufinden, WIE ich dem Anderen helfen kann, was er WIRKLICH braucht. Und es ist eine immer neue Freude, wenn ich es wieder einmal geschafft habe. Schauen Sie sich doch gleich einmal in Ihrem Leben um, und Sie werden in JEDEM Bereich Ihres Lebens Möglichkeiten finden, das was ist – in das zu wandeln, was sein könnte und vielleicht nur darauf gewartet hat, dass Sie dafür bereit sind. Vielleicht sind SIE die einzige Chance des ANDEREN und indem Sie, sie nutzen, verwandelt sich sein ganzes Leben. Leben Sie doch einmal einen Tag als »Schutzengel«. Entweder indem Sie die geistige Patenschaft für einen bestimmten Menschen an dem Tag übernehmen, oder aber als Schutzengel, der für alles verantwortlich ist und eingreift, wo immer es nötig und möglich ist. Erleben Sie an diesem Tag, um wie viel reicher und schöner Ihr eigenes Leben dadurch wird und wer weiß – vielleicht SIND Sie ja ein Schutzengel und haben es bisher nur nicht gewusst.

Humor entwickeln

Entwickeln Sie Ihre natürliche Gabe des Humors. Humor ist ein Schritt auf dem Weg zu sich selbst. Er ist die Erkenntnis, dass das Leben in Wirklichkeit ein Spiel ist, das Ihnen zur Freude gespielt wird und wenn Sie sich nicht daran erfreuen, verpassen Sie die schönsten Seiten des Lebens.

Humor ist eine menschliche Grundhaltung, die auch das Schwierige mit heiterer Gelassenheit und Souveränität betrachtet. Wenn man Glück hat, ist er im »Rucksack des eigenen genetischen Erbes« enthalten, wenn nicht, kann man ihn jederzeit erwerben. Humor ist eine besondere Art, die Wahrheit zu sehen und eine spielerische Art, mit den Dingen umzugehen, ganz gleich, wie ernst und bedeutend sie sich geben. Wissen Sie, bei welchen Losen es die meisten Nieten gibt? Bei den »Humorlosen«! Humor ist wie ein Spiegel, der zeigt, was wesentlich und was unwesentlich ist und eine köstliche, meist unerwartete Art, dem Anderen die Wahrheit zu sagen. Eine Folge des Humors ist das Lachen. Lachen ist Loslassen von Unwesentlichem, dem Ego, der Schwierigkeit, dem Ballast und Hinwendung zum Wesentlichen, der Leichtigkeit des Seins. Humor ist sanft und aufbauend, aber ein kraftvoller Weg zu innerer Freiheit und zum Heilsein, weil er uns wieder in die Unmittelbarkeit und Ganzheit des Lebens führt. Humor ist eigentlich unverzichtbar und kann gar nicht überdosiert werden. Wohl dem, der ihn hat!

Gesund durch Identitätswechsel

Solange Sie sich mit Ihrem Körper identifizieren, ist es nicht leicht, sich vorzustellen: »Ich bin vollkommen gesund«, während Sie Schmerzen haben, oder ein Symptom, das Ihnen zu schaffen macht. Das wird jedoch ganz einfach, wenn Sie sich bewusst machen, dass Sie einen Körper HABEN, aber nicht der Körper SIND. Wenn Sie sich wieder daran erinnern, wer Sie wirklich sind. Wenn Sie erkennen: »Ich BIN Bewusstsein, ich bin von Natur aus vollkommen gesund.« Ich war noch nie krank, ich kann gar nicht krank werden. Mein Körper kann krank werden, ich aber BIN gesund, war immer gesund und werde immer gesund sein. Wenn Sie so wieder »zu Bewusstsein« gekommen sind, beginnt der Körper im gleichen Augenblick dieses heile Bewusstsein widerzuspiegeln und zu heilen, denn Ihr Körper ist ein Spiegelbild Ihres Bewusstseins. Solange Sie in dem Bewusstsein leben, krank zu sein, KÖNNEN Sie gar nicht wirklich gesund werden. Erkennen Sie, dass Sie zwar einen Körper haben, aber nicht der Körper sind und lösen Sie Ihre Identifikation mit dem Körper auf und leben Sie in dem Bewusstsein vollkommen gesund zu sein. Denken Sie nicht darüber nach, sonst hat Ihr Verstand nur Einwände, weil er diese Erfahrung nicht kennt. Tun Sie es einfach und erleben Sie das Wunder, wie Sie sich selbst geistig heilen und Ihr Körper im gleichen Augenblick beginnt, sich zu verändern. Lassen Sie Heilung von nun an STÄNDIG in Ihrem Körper geschehen, indem Sie als Gesunder in diesem Körper leben. Beginnen Sie gleich JETZT, GESUND ZU SEIN.

Die »Illusion des ICH's«

ALLE Probleme dieser Welt entstehen aus der Illusion des ICH's. Nur ein »ICH« hat Probleme, »das SELBST« hat keine Probleme.
Dieses »ICH« bestimmt durch meine Identifikation damit auch mein Schicksal, meinen Erfolg und alle Lebensumstände. Sobald ich erkenne, dass das Leben in der Illusion des ich NIE Erfüllung, aber IMMER Leid bringt, sollte ich schleunigst in

die Wirklichkeit des Selbst zurückkehren, denn nur dort kann ich Erfüllung finden, nur dort ist Fülle, Heilsein und Vollkommenheit.

Nur dort ist das wahre Leben.

Wir haben vergessen, dass wir uns selbst suchen und haben uns Ersatz-Ziele gesucht. Wir suchen Freude, Glück und Erfüllung. Wir identifizieren uns mit der Illusion des Ich's und halten daran fest, weil wir glauben, alles das, dort zu finden. Das aber ist die eigentliche Illusion.

Daher ist es Zeit, aufzuwachen aus der Illusion und zu erkennen, ich bin am Ziel – ich bin schon immer am Ziel, denn ich bin das Ziel. Der Suchende ist der Gesuchte. Ich bin seit jeher »angekommen«, ich brauche nur aus dem Bewusstsein des angekommen seins – leben. Erkennen – nur die Identifikation mit der Illusion trennt mich von einem Leben in der Fülle, meinem eigentlichen Leben. Jeder Mangel, Krankheit, jedes Unheil ist ein Teil der Illusion des ich. Sobald ich meine Identifikation mit dem ich auflöse, endet alles Leid. Das Leben in der Wirklichkeit kann jederzeit beginnen.

Welche Ausrede haben Sie, sich weiter damit zu bestrafen, in der Illusion des ich zu leben und damit Mangel und Leid zu verursachen? Lassen Sie das alles hinter sich und treten Sie hervor.

Schöpferische Imagination

Wir können vom Leben alles haben, wir brauchen nur von unserer natürlichen Fähigkeit des MANIFESTIERENS Gebrauch machen und die SCHÖPFERISCHE IMAGINATION sinnvoll und vor allem bewusst einsetzen. Schöpferische Imagination ist das »Tor zur Wirklichkeit«. Schöpferisch imaginieren heißt, sich etwas So lebendig vorzustellen, dass es sich in der Realität als Ereignis, Sache, Begegnung, oder Situation manifestiert und es gibt wohl keinen zuverlässigeren, schnelleren und schöneren Weg, die Aufgaben zu lösen, die vor uns liegen.

Alle Dinge geschehen zuerst im Bewusstsein, bevor Sie in der Realität geschehen können und schöpferische Imagination ist die Transformation einer Vorstellung in die Realität und macht so aus einer Möglichkeit der Zukunft eine erlebte Realität der Gegenwart. Die schöpferische Imagination verbindet uns mit dem »erwünschten Endzustand«, wenn wir Sie meisterhaft anwenden. Also nicht wie ein Zuschauer auf das Ereignis schauend, sondern wie jemand, der sein Ziel bereits erreicht hat, vom Ereignis aus zurückblickend. Imagination vom Ergebnis her ist der Anfang aller Wunder. In der Imagination wird die Zukunft zur Gegenwart. Auch der Mensch wird das, was er glaubt zu werden – und Imagination ist der Weg. Der größte Teil der Zukunft liegt noch ungeformt vor uns, aber auch wo bereits Ursachen gesetzt sind, können diese jederzeit umgeformt werden, solange Sie noch nicht »in Erscheinung« getreten sind. Lernen Sie manifestieren und machen Sie so von Ihrem Recht Gebrauch, die Zukunft nach Ihren Wünschen zu gestalten.

Nutzen Sie die Chance des »Innehaltens«

Wann immer Sie sich aufregen, ärgern, streiten, oder auch nur lebhaft diskutieren, nehmen Sie einen bestimmten Standpunkt ein, und schaffen damit eine Energie, aus der Sie sich

*Der Mensch bringt täglich sein Haar in Ordnung,
das er höchstens bis zum Tode trägt, warum ordnet
er nicht auch täglich sein SOSEIN, das alles Glück
und alle Qual, auch aller späteren Leben erzeugt?*

nur schwer wieder befreien können. Es sei denn, Sie halten einfach inne, sobald Sie das merken und machen einfach nicht weiter. Sie halten einfach den Film an, zählen vielleicht langsam bis 10 und warten, bis sich die Energie wieder harmonisiert hat. Halten Sie einfach »inne«, bis Sie wieder im SEIN sind, im »Fluss des Lebens«, im Einklang mit sich selbst und dem was ist. Dann können Sie in Ruhe das Problem anschauen, und oft werden Sie dabei feststellen, dass gar kein Problem da ist. Das Problem waren nur die verschiedenen Standpunkte und Sichtweisen und die lösen sich auf, sobald Sie innehalten und hinschauen, was wirklich IST.

Machen Sie sich bewusst, dass Sie jederzeit die Möglichkeit haben, innezuhalten, um wieder im Einklang zu sein, mit dem, was IST.

Es ist ein wunderbarer Weg, die Probleme des Lebens zu lösen, indem Sie innehalten, sich vom Problem lösen – und zu erleben, wie sich ganz von selbst die natürliche Harmonie wieder herstellt. Nehmen Sie sich so oft wie möglich Zeit, um wieder einmal innezuhalten, zu sich zu kommen und zu leben als der, der Sie WIRKLICH sind und Ihr Leben wird dadurch schöner und vor allem erfüllender.

Nutzen Sie Ihre Intuition

Die Intuition ist eine besonders wichtige Fähigkeit des menschlichen Geistes und kann Ihr ganzes Leben verzaubern. Trotzdem haben die meisten Menschen diese Fähigkeit nicht aktiviert, ja viele wissen nicht einmal, dass sie sie haben. Offensichtlich gibt es eine Ebene des menschlichen Geistes, auf der alle Ant-

worten und Lösungen vorhanden sind, die wir aber nur erreichen, wenn wir die Fähigkeit zur Intuition aktiviert haben.
Dann aber erschließt sich uns ein Bereich des Geistes, der so
phantastisch ist, dass es der Verstand nicht glauben kann, bis er
es erlebt hat. Unser sechster Sinn wird immer dann besonders
wertvoll, wenn uns der Verstand nicht weiterhelfen kann und
unser Verstand sollte klug genug sein, auf diese umfassende
Möglichkeit nicht länger zu verzichten. Sobald Sie die natürliche Fähigkeit zur Intuition wieder aktiviert haben, sollten Sie
möglichst ständig Gebrauch davon machen und in und aus der
Intuition leben. Dann brauchen Sie Entscheidungen nicht mehr
zu fällen, sondern können Sie mit Hilfe der Intuition wirklich
»treffen«, sodass Fehlentscheidungen der Vergangenheit ange-
hören. Sie werden sich dann ein Leben ohne Intuition gar nicht
mehr vorstellen können und genießen, wie viel leichter und
glücklicher die Intuition auch Ihr Leben machen kann.

Die optimale Investition

Lassen Sie Ihr Geld für sich arbeiten. Kaum jemand ist sich
bewusst, wie einfach es ist, zu wirklich VIEL GELD zu kommen, wenn man den Faktor Zeit mit der richtigen Geldanlage
verbindet.
Bei der richtigen Kapitalanlage wirkt sich der Zins und Zinseszinseffekt so aus, dass JEDER zuverlässig Millionär wird.
Beenden Sie zunächst alle nicht optimalen Investitionen wie
Sparbuch, Lebensversicherung, Außenstände, Darlehen usw.
Legen Sie niemals alle Eier in ein Nest. Streuung vermindert
deutlich das Risiko.

In Ihrer ganz persönlichen Zeit des Verdienens verfügen Sie über Millionenbeträge.

Wenn Sie nicht mindestens die gleiche Summe durch Ihr erspartes und investiertes Geld einnehmen, haben Sie etwas falsch gemacht, können es aber noch jederzeit ändern.

Fangen Sie so früh wie möglich an zu sparen und investieren, dann, wenn Sie es sich eigentlich noch gar nicht leisten können. Das war zu allen Zeiten Ihres Lebens möglich und geht auch heute.

Wenn Sie zu Wohlstand kommen wollen, ist die Börse unverzichtbar. Investieren Sie NICHT in einzelne Aktien, ohne mindestens 2o Jahre Erfahrung zu haben.

Kaufen Sie sich die Erfahrung von Spitzenexperten indem Sie in Fonds investieren. Obwohl ein Fond schon das Risiko breit gestreut hat, streuen Sie noch einmal indem Sie in mehrere »Spitzenfonds« investieren.

JEDE Investition beinhaltet ein Risiko, auch Sparbuch und Matratze. Das größte Risiko geht der ein, der kein Risiko eingehen will. Warten Sie NICHT einen »günstigen« Zeitpunkt ab für Ihre Investition. Der günstigste Zeitpunkt ist garantiert JETZT.

Sag JA zum Leben

Sagen Sie JA zum Leben, auch wenn Sie gerade etwas Unangenehmes erledigen müssen, denn mit einem NEIN bleibt es unerledigt und belastet Sie unnötig. Denken Sie JA, wenn Sie Ärger bei der Arbeit haben, denn mit einem NEIN lösen sich die Schwierigkeiten nicht. Denken Sie JA, wenn ein Symptom

Sie plagt, oder wenn Sie die Straßenbahn verpassen, sagen Sie JA zur schlechten Note im Zeugnis Ihres Kindes und denken Sie: »Besser eine Fünf, als überhaupt keine persönliche Note.« JA, wirkt besser als jede Medizin und macht den Kreislauf munter, das Herz fröhlich und die Sorgen kleiner. Sagen Sie JA auch zu Ihrem Körper, Sie haben nur diesen einen und wenn Sie ihn ablehnen, wird er Ihnen dafür auch einen Grund geben. Geben Sie ihm eine Chance, Ihr Traumkörper zu werden, indem Sie ihn bedingungslos annehmen und JA sagen. JA, sagen heißt, zu seinem Leben stehen, auch das weniger Angenehme zuzulassen und das Leben so zu nehmen, wie es kommt. Man muss nicht Millionär sein, um sein Leben zu genießen und die schönsten Dinge im Leben kann man ohnehin nicht kaufen. Freude, innerer Friede, Liebe, heitere Gelassenheit sind Geschenke des Lebens, wenn Sie JA sagen. Durch ständiges Bejahen rufen Sie letztlich in Erscheinung, was Sie sich ersehnen und so wird Ihr JA der Weg zu einem erfüllten Leben.

Nicht immer noch mehr wollen

Es ist ein Drang der Menschen, immer mehr zu wollen und wenn sie es dann nicht bekommen, dann sind sie darüber unglücklich. Wenn Sie es aber bekommen, dann sind sie keineswegs besonders glücklich, sondern richten ihr Bewusstsein darauf, was sie denn jetzt wollen könnten. Die meisten Menschen haben längst genug, aber sie merken es gar nicht, weil ihnen immer noch mehr einfällt, was man wollen könnte. Ich wollte ein eigenes Haus, außerdem wollte ich ein eigenes Praxishaus für meine Naturheilpraxis und die sollte nicht in meinem Privathaus sein, weil ich Arbeit und Familie voneinander getrennt halten wollte. Als ich beides hatte, merkte ich sehr schnell, dass die Worte Palast und Ballast nicht nur sprachlich sehr nah beieinander liegen. Die Häuser mussten gestrichen werden, das Dach musste neu gedeckt werden, ein neuer Schornstein war irgendwann fällig, die Einfahrt musste neu belegt werden und natürlich musste der Garten von beiden Häusern gepflegt sein und das machte einige Arbeit. Irgendwann platzte ein Rohr und der Wasserschaden musste beseitigt werden und bei der Gelegenheit wurden gleich überall neue Rohre verlegt. Und natürlich musste alles regelmäßig neu tapeziert werden und dann der neue Teppichboden der fällig war. Irgendwann rechnete ich nach und stellte zu meinem Erstaunen fest, dass ich zur Erhaltung eines jeden Hauses etwa so viel ausgab, wie ich hätte Miete zahlen müssen. Also habe ich beide Häuser verkauft und wohne zur Miete, schließlich lerne ich aus den Erfahrungen, die das Leben so beschert. Und beim Umzug haben wir gleich alles Überflüssige verschenkt und sind nur mit dem umgezogen, was wir wirklich schätzten. So ist mein Leben immer »leichter« geworden und wenn ich heute etwas will, überlege ich mehrfach, ob ich das wirklich wollen sollte und sehr oft stelle ich fest, dass es ohne das einfach leichter ist. Das Leben ist eine Reise und auf einer Reise sollte man nur das mitnehmen, was man wirklich braucht.

Da fällt mir eine kleine Geschichte ein: »Ein Mann besuchte einen Weisen und stellte überrascht fest: »Sie haben ja gar keine Möbel.« Der Weise antwortete: »Sie ja auch nicht.« Der Mann sagte: »Ich bin ja hier auch nicht zuhause«, worauf der Weise meinte: »Ich ja auch nicht.«

Also, machen Sie es sich leicht, wo immer es geht und genießen Sie den Weg.

Denken was Gut, sagen was Wahr,
tun was Recht ist!

Glück kann man nicht kaufen

Nichts, was wirklich zählt im Leben, kann man kaufen. Sie können weder die Liebe eines Menschen kaufen, noch seine Freundschaft. Sie können einen Sonnenuntergang nicht kaufen, und nicht das Lächeln eines Kindes. Auch Vertrauen kann man nicht kaufen und auch keine Erinnerungen. Das Schönste im Leben haben Sie immer geschenkt bekommen und fast immer kam es unerwartet, war plötzlich einfach da. Trotzdem jagen die Menschen dem Geld nach, als könne man sich damit das Glück kaufen. Und während sie dem Geld nachjagen, vergessen sie glücklich zu sein, übersehen das Glück am Wegesrand. Wenn man Glück aber schon geschenkt bekommt, dann sollten Sie auch offen dafür sein, bereit es anzunehmen, wenn es Ihnen begegnet. Vergessen Sie den ersehnten Lottogewinn. Den meisten Menschen, die ihn dann irgendwann hatten, hat er nur Unglück gebracht. Vergessen Sie überhaupt jede Vorstellung vom Glück, denn das Glück kommt gern in einer Verkleidung und oft merken wir erst hinterher, dass es uns begegnet ist. Leben Sie in dem Bewusstsein, dass das Glück in jedem Augenblick um die Ecke kommen kann und seien Sie achtsam, weil sie nicht wissen, in welcher Form es kommt, aber seien Sie gewiss, dass es kommt, und das tut es dann auch.

Wann waren Sie zum letzten Mal glücklich? Sind Sie jetzt bereit für ein neues Glück? Schauen Sie sich einmal um, ob Sie es schon erkennen können. In Wirklichkeit ist Glück immer ganz nahe und kann in jedem Augenblick »in Erscheinung« treten – wenn Sie bereit sind.

Vom Umgang mit dem Zweifel

Der Zweifel macht es sich leicht, er behauptet einfach etwas. Er muss nichts beweisen, nicht einmal begründen – und doch glauben wir ihm. Aber Sie sollten sich bewusst machen, dass Sie auch hier die Wahl haben, ob Sie weiter Ihrem Zweifel glauben, oder Ihrer eigenen Erfahrung. Ein Zweifel kann sehr wichtig sein, macht er Sie doch auf eine möglicherweise falsche Entwicklung aufmerksam, aber Sie sollten ihm nicht unbedingt glauben, sondern ihn beachten und sorgfältig prüfen, ob das auch stimmt, was er sagt. Und oft, sehr oft werden Sie feststellen, dass das eben nicht stimmt, Sie es aber beinahe wieder einfach geglaubt hätten.

Sehen Sie einfach in jedem Zweifel einen Freund, der Sie auf etwas aufmerksam machen möchte, aber prüfen Sie dann sorgfältig, ob es wirklich stimmt. Wenn Sie dabei in sich hineinhören, werden Sie erstaunt feststellen, dass Sie tief innen genau wissen, ob der Zweifel berechtigt ist. Eine innere Stimme kann Ihnen das zuverlässig sagen, wenn Sie auf diese leise Stimme hören. Auch da nicht einfach glauben, sondern wieder die Aufmerksamkeit darauf richten und spüren, ob es »stimmt«, ob Sie damit so im Einklang sind. Wenn Sie auf Ihre innere Weisheit hören, wird die anfangs leise Stimme immer lauter und Sie können sie klar von anderen Stimmen unterscheiden. Von da an sind Sie dankbar für jeden Zweifel, weil er Sie aufmerksam macht, auf Ihre »Freiheit der Wahl« und davon sollten Sie Gebrauch machen. Folgen Sie der inneren Weisheit und sie wird Ihr ganzes Leben verwandeln.

Achten Sie auf Ihren Körper

Ihr Körper ist ein guter Freund, der Ihnen ein Leben lang unauffällig dient, solange Sie ihn brauchen und sich regelmäßig selbst wartet und erneuert, wenn Sie ihm die Bedingungen schaffen, die er dazu braucht. Dazu gehört natürliche Ernährung, ausreichend Bewegung und Zeiten der Entspannung und nicht zu vergessen, ein heiteres Gemüt. Die längste tägliche Entspannungsphase ist der Schlaf. Schlafen Sie genug? Das heißt mindestens 7 Stunden? Gehen Sie so rechtzeitig zu Bett, dass Sie morgens ohne Wecker aufwachen, oder beginnt Ihr Tag wirklich mit dem Wecker, der Sie aus Ihren Träumen reißt? Das sollten Sie sich nie wieder antun, denn was wollen Sie schon von einem Tag erwarten, der gleich so beginnt? Aber wenn es sich machen lässt, sollten Sie sich auch regelmäßig ein Mittagschläfchen gönnen. Das stabilisiert nicht nur die Gesundheit und verlängert das Leben, es glättet auch das Gemüt. Und Sie können die zweite Halbzeit mit neuem Schwung angehen. Aber zur Entspannung gehören auch Zeiten der inneren Ruhe, vielleicht durch Meditation, oder einfach nur Muße, Zeiten in denen Sie nichts anderes tun, als NICHTS zu tun, einfach nur sein und sich in sich wohl fühlen. Noch besser ist es, Sie lernen die Kunst, zu »RUHEN IM TUN« das heißt – alles aus einer entspannten Haltung heraus geschehen zulassen und immer wieder in den »Leerlauf« zurückschalten, wenn Leistung gerade nicht gebraucht wird. Das führt zu einem Leben in ständiger heiterer Gelassenheit und dazu, dass Sie sich in Ihrem Körper wohl fühlen und das Leben wirklich genießen können.

Wir sind alle stark genug
zu ertragen was anderen zustößt.

Das Wunder wahrer Konzentration

Wahre Konzentration hat viel mit Entspannung zu tun. Ich möchte daher diese Form der Konzentration auch lieber »konzentrative Entspannung« nennen.

Es ist eine solche Vertiefung in das TUN, dass ich damit förmlich verschmelze. EINSWERDEN mit seinem Tun, sich in eine Sache ganz zu vertiefen und dabei sein Bewusstsein ganz weit werden lassen. Je mehr ich mich konzentriere, desto weiter wird dabei mein Bewusstsein.

Dann ständig vertieft bleiben, BEI ALLEM was ich gerade tue. In sich versunken handeln, in einem weiten Bewusstsein.

Um sich ein Energiefeld der absoluten Ruhe schaffen und ganz versinken in dem, was ich gerade tue.

Probieren Sie es doch gleich einmal aus und tun Sie das, was Sie tun, ganz bewusst. Konzentrieren Sie die Vielfalt Ihrer Gedanken auf einen Punkt, das was Sie tun und entlassen alles andere aus Ihrem Bewusstsein. Damit wird ALLES was Sie tun, zu etwas ganz Besonderem, diese Haltung adelt alles Tun.

Wenn Sie erkannt haben, wie schön und erfüllend es ist, auf diese Weise zu handeln, dann bleiben Sie doch dabei. Lassen Sie nie wieder zu, etwas gedankenlos zu tun, sondern erfüllen auch die scheinbar nebensächlichsten Dinge mit dem Geist der Vollendung. Das wird nicht nur Ihr ganzes Leben ab sofort verändern, sondern auch Sie selbst. Es ist Leben in einer anderen Dimension und das Wunder ist nur einen Schritt entfernt.

Wie man Missverständnisse vermeidet

Unsere Sprache ist eigentlich nur bedingt zur Verständigung geeignet, aber solange wir nichts Besseres zur Verfügung haben, sollten wir wenigstens optimalen Gebrauch davon machen. Die Schwierigkeiten beginnen schon damit, dass bei jedem Wort, was Sie sagen, andere nicht die gleiche Vorstellung davon haben. Sagen Sie nur einmal das Wort »Baum« in einer Gruppe und lassen Sie jeden seinen Baum beschreiben. Das wird mit Sicherheit bei keinem der Baum sein, den Sie eigentlich gemeint haben. Dazu kommt, dass Männer und Frauen eine völlig unterschiedliche Art haben, zu kommunizieren. Ein Mann tauscht dabei Informationen aus und hält das für das einzig Richtige. Eine Frau stellt mit der Sprache zunächst einmal eine Beziehung her, oder festigt sie und Informationen spielen nur eine untergeordnete Rolle. So ist vorprogrammiert, dass wir meist aneinander vorbei kommunizieren.

Wenn man das aber weiß, spielt die Sprache nicht mehr die zentrale Rolle bei der Verständigung, sondern die Energie des MITEINANDER. Und wenn wir nicht so sehr mit den Ohren, sondern mehr mit dem Herzen zuhören, da wird es auf einmal ganz einfach, den Anderen wirklich zu verstehen, denn die »Sprache des Herzens« ist eine Sprache, die wir alle sprechen und die jeder versteht.

Entwickeln Sie »Kompetenz für die Zukunft«

Das beginnt damit, dass Sie erkennen, dass das Buch des Lebens aufgeschlagen vor Ihnen liegt und dass SIE in JEDEM Augenblick, bewusst, oder unbewusst Eintragungen machen. Jeder Gedanke, jedes Gefühl und natürlich jede Handlung ist eine solche Eintragung. Also fangen Sie an, bewusst zu wählen, WAS Sie eintragen möchten, machen Sie Gebrauch von Ihrem Recht zu wählen. Entscheiden Sie, was Sie NICHT mehr eintragen werden. Dem Leben ist es völlig gleich, was Sie eintragen, aber Ihnen sollte es nicht gleich sein, schließlich geht es um IHR Leben. Zur Kompetenz für die Zukunft gehört auch die Erkenntnis, dass SIE Ihre Zukunft frei bestimmen können und dass sonst niemand da ist, der das tun kann, es sei denn, Sie überlassen anderen die Bestimmung Ihrer Zukunft. Dazu gehört auch die Erkenntnis, dass in JEDEM ein Schatz an unendlicher Intelligenz ruht, der nur darauf wartet, erkannt und genutzt zu werden. Es ist das natürliche Genie, das in jedem Menschen ruht und wartet, geweckt zu werden. Das beginnt damit, dass Sie sich erinnern, dass Sie es haben und sich fragen: »Was würde ich aus meiner allumfassenden Intelligenz heraus in dieser Situation tun?«
Und dann brauchen Sie sich nur noch zu entscheiden, wem Sie in Zukunft folgen, dem begrenzten und begrenzenden Verstand, oder Ihrer allumfassenden wahren Intelligenz, der Intelligenz des Herzens.

Wer sich für zu wichtig für kleine Arbeiten hält,
ist meist zu klein für wichtige Arbeiten!

Konstruktiver Umgang mit Kritik, Ablehnung und Misserfolg

Wer wird schon gern kritisiert, aber wenn wir genauer hinschauen, erkennen wir jede Kritik als ein Kompliment. Immerhin waren wir dem Anderen so wichtig, dass er sich mit uns auseinandergesetzt hat und seine Kritik äußert. Nun gibt es zwei Möglichkeiten. Entweder er hat Recht mit seiner Kritik, dann können Sie ihm ja nicht böse sein, schließlich hat er Ihnen nur die Wahrheit gesagt. Auch dabei gibt es zwei Möglichkeiten, entweder Sie kannten die Wahrheit bereits und der Andere hat nur Ihr Bewusstsein wieder einmal darauf gerichtet und Ihnen damit eine Chance gegeben, es zu ändern, oder Sie kannten diese Wahrheit noch nicht, dann sollten Sie ihm dankbar sein, dass er Sie darauf aufmerksam gemacht hat, vielleicht hätten Sie es sonst übersehen und damit das Leben gezwungen, Ihnen »Nachhilfeunterricht« zu geben.

Die zweite Möglichkeit ist, dass die Kritik einfach unberechtigt ist, dann haben Sie erst recht keinen Grund, empfindlich zu sein, denn das Ganze betrifft Sie gar nicht, der Andere hat sich einfach nur geirrt und das ist Ihnen sicher auch schon mal passiert. Und da es Sie nicht betrifft, sollte es Sie auch nicht mehr treffen. Machen Sie sich auch bewusst, dass auf dem Weg zum Erfolg Ablehnung und scheinbare Misserfolge gar nicht zu vermeiden sind und dass jeder scheinbare Misserfolg in Wirklichkeit nur ein Sprungbrett ist, zum endgültigen Erfolg, der dann auch zuverlässig eintritt, wenn Sie die richtigen Ursachen setzen und vorher einfach nicht aufgeben.

Vergessen Sie das Lachen nicht

Manche Menschen scheinen das Lachen völlig verlernt zu haben und es stört sie, wenn irgendwo in der Öffentlichkeit jemand laut lacht. Prüfen Sie gleich einmal, wie das bei Ihnen ist? Wann haben Sie das letzte Mal so richtig herzhaft gelacht? Wenn die Antwort nicht »heute« lautet, ist es die falsche Antwort. Dann sollten Sie sich gleich bewusst machen, woran das liegt. Was fehlt in Ihrem Leben, damit das Lachen zurückkehrt? Tun Sie es, geben Sie sich jeden Tag am besten mehrfach Grund, so richtig herzhaft zu lachen und lachen Sie auch. Lachen ist gesund, man kann sich tatsächlich gesund lachen.

Zum Lachen gehört Humor, die Fähigkeit, auch ganz besonders über sich selbst zu lachen. Manche lachen nur noch aus Schadenfreude, aber das ist kein wirkliches Lachen, nichts, was Ihnen wirklich gut tut. Ein wirkliches Lachen kommt aus dem Herzen, lockert Verspannungen und erleichtert das Leben und gehört unverzichtbar dazu. Wenn Ihr Humor etwas eingerostet sein sollte, dann aktivieren Sie ihn wieder, indem Sie öfter Gebrauch davon machen. Kultivieren Sie Ihren Humor, einfach indem Sie Ihr Bewusstsein darauf richten. Fragen Sie sich öfter einmal, wie wohl ein Mensch mit Humor in dieser Situation reagieren würde und indem Sie sich das vorstellen, geben Sie Ihrem Unterbewusstsein eine Vorstellung von dem erwünschten Verhalten. Wenn Sie das öfters machen, wird humorvolles Verhalten zur Gewohnheit und zu einem unverzichtbaren Teil Ihres Lebens und denken Sie daran, »Humor ist, wenn man trotzdem lacht«, schließlich ist das Leben ein Spiel und Ihr Humor sorgt dafür, dass Sie das nicht vergessen.

Nutzen Sie die »Macht des Lächelns«

Manches ist uns so selbstverständlich, dass wir uns seiner Wirkung gar nicht mehr bewusst sind, dazu gehört auch die Macht eines einfachen Lächelns. Sie können das gleich einmal bei sich selbst ausprobieren. Machen Sie sich einmal bewusst, wie Sie sich im Augenblick fühlen. Halten Sie einfach inne, und nehmen Sie sich selbst wahr. Und dann lächeln Sie einmal – nicht nur einen Augenblick, sondern schon eine ganze Weile. Lächeln Sie einfach still in sich hinein, als hätten Sie gerade etwas ganz erfreuliches erlebt. Es gibt immer einen Grund zu lächeln und wenn Ihnen gar nichts einfallen will, dann lächeln Sie, weil Sie leben, lächeln Sie, weil das »Geschenk des Augenblicks« auf Ihre Anweisungen wartet, weil in diesem wunderbaren Augenblick einfach alles möglich ist. Lächeln Sie, weil das Leben Ihnen die Chance bietet, alles, aber auch wirklich alles von einem Augenblick zum anderen zu ändern. Und während Sie lächeln, nehmen Sie einmal wahr, wie Ihr eigens Lächeln diesen Augenblick verzaubert und wie viel glücklicher Sie sich gleich fühlen, obwohl sich scheinbar im Außen nichts verändert hat. Erkennen Sie, dass Sie keinen besonderen Anlass brauchen, um sich wohl zu fühlen und glücklich zu sein. Und auf die gleiche Weise können Sie jedes Miteinander verzaubern. Ein einfaches Lächeln genügt. Machen Sie so oft wie möglich Gebrauch, von der stillen Macht des Lächelns.

Was der Egoist sucht ohne es zu finden,
findet der Liebende ohne es zu suchen!

Lebe DEIN Leben

Viele verstehen zu träumen, aber nur wenige verstehen zu leben.
Diese drei kleinen Worte: »Lebe Dein Leben« – bedeutet eine
ganze Lebensphilosophie.
Da geht es zunächst einmal darum, wirklich zu leben. Haben Sie
heute schon gelebt? Die Meisten existieren und funktionieren
nur und oft nicht einmal das. Leben kann man nur im JETZT,
nicht vorher und nicht nachher, nur JETZT! Also erleben Sie diesen Augenblick einmal ganz bewusst, nicht aus Programmen,
Verhaltensmustern, sondern aus Ihrem Sosein, echt, ehrlich und
authentisch. Leben Sie wirklich IHR Leben. Entscheiden Sie sich,
ob Sie Ihr »ICH« glücklich machen wollen, oder sich SELBST.
Das sind zwei ganz verschiedene Wege. Der zuverlässigste Weg,
sein Leben zu verpassen, ist eine bestimmte Vorstellung davon
zu haben. Erleben Sie es doch einfach, sonst erleben Sie nur Ihre
Vorstellung vom Leben, und versäumen Ihr Leben.
Und hören Sie auf zu »MÜSSEN«. Sie müssen nicht – sich entwickeln, an sich arbeiten, vorwärts kommen, eine Aufgabe erfüllen, Sie sollten nur leben. Sagen Sie bedingungslos JA zu sich
und Ihrem Leben.
Verzaubern Sie Ihren Alltag. Machen Sie aus einem ganz normalen Alltag etwas ganz Besonderes. »Zelebrieren« Sie Ihr Leben
und entdecken Sie Ihre Individualität. Haben Sie den Mut, Sie
SELBST zu sein. Was möchten Sie am liebsten jetzt tun? Und
wer könnte Sie daran hindern? Tun Sie es. Wenn die Versuchung
winkt, folgen Sie ihr, wer weiß, ob sie noch einmal vorbeikommt.
Am Ende werden Sie vor allem das bereuen, was Sie nicht getan
haben. Versäumen Sie sich nicht und versäumen Sie nicht Ihr
wunderbares Leben.

Werden Sie Ihr eigener »Lebens-Architekt«

Stellen Sie sich vor, das Leben wäre eine Reise und Sie könnten noch umbuchen. Fangen Sie noch einmal ganz von vorne an und kreieren Sie ein ganz neues Leben. Was wäre für ein solches Traumleben unverzichtbar? Und was würde ein solches Leben noch bereichern? Was würde Ihre Lebensqualität besonders steigern? Und nicht zu vergessen, was gehört auf keinen Fall mehr in ein solches Traumleben? Da wir alle im negativen Denken mehr geübt sind, ist es vielleicht am einfachsten, mit dem zu beginnen, was auf keinen Fall dazugehört und das dann umzuwandeln, in das, wie es sein soll.

Machen Sie sich bewusst: Welche Wünsche habe ich noch an meine Zukunft? Was will ich noch erleben, oder erreichen? Welche Konsequenzen ergeben sich daraus in der Gegenwart? Die Ziele ganz konkret und unbedingt schriftlich definieren. Aber auch prüfen: Wo kommt in meinem bisherigen Leben noch die Freude zu kurz und wie könnte das in meinem neuen Leben aussehen? Wie könnte ich meine Gesundheit verbessern? Was braucht meine Partnerschaft? Bin ich ein idealer Partner? Wie könnte ich das ändern? Was spielt in meinem Leben eigentlich die Hauptrolle? Erfolg? Geld? Anerkennung? Liebe? Was könnte mein Leben noch lebenswerter machen?

Habe ich genug Geld und genügend Zeit für das, was mir wichtig ist? Wenn nicht, warum nicht? Was ist mein Wunschtraum, meine »Wunschbiographie?« Wie kann ich meine geistige Entwicklung fördern? Führt mein derzeitiger Weg wirklich dahin? Welchen Sinn gebe ich diesem Leben? Aus der Beantwortung dieser Fragen ergeben sich die notwendigen Schritte zu Ihrem Traumleben, sodass Sie als neuer Mensch in ein neues Leben treten.

Mein Freund der Körper

Da wir unseren Körper nicht umtauschen können, ist es wichtig, in ihm einen Freund und lebenslangen Verbündeten zu sehen, denn die Beziehung zu unserem Körper ist die entscheidende Grundlage für lebenslange Gesundheit und Vitalität.

Früher oder später MÜSSEN wir uns alle mit unserer Gesundheit befassen. Je früher wir damit beginnen desto erstaunlicher und großartiger ist das, was wir erreichen können. Wir müssten eigentlich in der Schule lernen, wie man bis ins hohe Alter gesund und vital bleibt.

Nun ist es zwar wichtig, damit so früh wie möglich zu beginnen, aber auch ein Achtzigjähriger kann innerhalb weniger Stunden seine Gesundheit entscheidend verbessern.

In naher Zukunft wird es selbstverständlich sein, über 100 Jahre alt zu werden und viele werden sogar ihren 120. Geburtstag erleben. Dazu braucht der Körper eine entsprechende Prophylaxe. In Zukunft wird es nicht mehr genügen, zum Arzt zu gehen, wenn wir krank SIND, sondern wir sollten schon VORHER etwas tun!

Wir können heute schon, durch eine geeignete Lebensführung die meisten Krankheiten zuverlässig vermeiden und erreichen, dass wir eines Tages einen gesunden Körper nach einem Leben von 100 bis 120 Jahren bewusst und absichtlich nach einem erfüllten Leben verlassen.

Nach 30 Jahren intensiver Gesundheitsforschung kann ich alle Erkenntnisse in einem Satz zusammenfassen: »**Das Falsche lassen und das Richtige tun.**«

Wenn Sie damit ernst machen, hat Krankheit keine Chance und Sie verlängern Ihr Leben um gesunde und vitale 20 Jahre!

Werden Sie ein »Lebens-Berater«

Eine der schönsten Aufgaben dieses Lebens ist es, anderen zu helfen. Das Leben ist so kompliziert geworben, dass fast jeder einen Lebensberater braucht. Ein Lebensberater hat viele Aufgaben. Suchen Sie sich aus, wie SIE am liebsten helfen wollen, z.b.: Als Problemlösungsberater, als Gesundheitsberater, als Partnerschafts- und Eheberater, Scheidungsberater, Wunschverwirklichungsberater – Lebensberater, Erziehungsberater, Schulleistungssteigerungsberater, Pubertätsberater, Krisenberater, Erfolgsberater, Berufsberater, Unternehmensberater, Vermögensberater, Berater für spirituelle Entwicklung, Lebensabend-Erfüllungsberater.

Die Lebensbilanz

Wenn Sie wirklich märchenhaft leben wollen, sollten Sie zunächst einmal für sich klären, was das FÜR SIE bedeutet. Schaffen Sie also absolute Zielklarheit. Wenn es wirklich IHR Ziel ist, wird es Sie nicht nur begeistern, sondern es gibt Ihnen auch die Kraft, um es zu erreichen.
Die zweite Voraussetzung, um wirklich märchenhaft zu leben ist, das Leben wirklich zu beherrschen, seine Regeln zu kennen und zu nutzen, um in Harmonie mit dem Leben sich selbst zu verwirklichen. Dabei müssen Sie sich entscheiden, ob Sie Ihr »ICH« glücklich machen wollen, oder sich selbst. Das sind zwei ganz verschiedene Wege. Wollen Sie Ihre eigene Vorstellung vom Leben verwirklichen, oder Ihre innewohnende Lebensabsicht, das was für Sie »stimmt«?

Dazu gehört unverzichtbar, dass Sie vom Beruf über die Berufung zur Erfüllung gefunden haben, dass Ihr Beruf nicht mehr etwas ist, von dem Sie leben, sondern WOFÜR Sie leben, denn Ihre Berufung ist ein wichtiger Teil Ihrer Lebensabsicht.

Klären Sie so einmal in ALLEN Bereichen Ihres Lebens, was Sie wirklich wollen. Dazu gehört die Partnerschaft, Gesundheit, wirtschaftlicher Erfolg und geistige Entwicklung. Nicht zu vergessen – Lebensqualität. Machen Sie sich bewusst, wieweit Sie die einzelnen Aspekte bisher verwirklicht haben und was noch zu tun ist, um in jedem Bereich optimale Erfüllung zu finden. Daraus ergeben sich ganz klare Konsequenzen und Sie brauchen nur noch zu entscheiden, wann Sie bereit sind, anzufangen. Es gibt keinen Grund auf irgendetwas zu warten. Lassen Sie sich ganz auf Ihr einmaliges Leben ein und fangen Sie am besten gleich JETZT an.

Ihre eigene Lebensphilosophie

Diese drei kleinen Worte sind eine ganze Lebensphilosophie und der Schlüssel zu Ihrem Glück. Schauen wir uns einmal ein Wort nach dem anderen genau an:

Leben! Wir leben um wirklich zu leben. Haben Sie heute schon gelebt? Haben Sie überhaupt schon einmal gelebt?

Leben kann man nur JETZT! Nicht vorher und nicht nachher, nur JETZT! Also schauen Sie einmal auf DIESEN Augenblick JETZT und leben Sie bewusst.

War das, was ich bisher gemacht habe wirklich leben?

Nicht aus Programmen, Mustern, Rollen, sondern aus Ihrem Sosein. Echt, ehrlich, authentisch.

Genießen Sie diesen Augenblick, lernen Sie auch Schwierigkeiten zu genießen. Was passiert denn schon – aber Sie LEBEN!

Lebe DEIN Leben. Wessen Leben wollen Sie denn leben. Wollen Sie Ihr »ICH« glücklich machen, oder sich SELBST? Das sind zwei ganz verschiedene Wege. Kennen Sie sich wirklich? Wie wollen Sie IHR Leben leben, wenn Sie sich gar nicht richtig kennen?

Leben ist ein Wunder. Der zuverlässigste Weg sein Leben zu verpassen, ist eine bestimmte Vorstellung davon zu haben. Erleben Sie es doch einfach, sonst erleben Sie nur Ihre Vorstellung vom Leben. Leben ist keine Philosophie und keine Rechenaufgabe, sondern ein Geschenk, das Sie genießen sollten.

Hören Sie auf zu »müssen«! Sie müssen nicht – sich entwickeln, erleuchtet werden, das Richtige tun, an sich arbeiten, eine Aufgabe erfüllen! Sie sollten nur leben und SIE bestimmen, was das heißt. Lassen Sie alles los, was Sie noch vom Leben trennt, die Erwartungen der anderen, sogar die eigenen Wünsche, geliebt werden wollen usw. Erleuchtung ist nichts anderes, als die Wahrheit über sich selbst zu erkennen.

Sagen Sie bedingungslos JA zu sich und Ihrem Leben und genießen Sie den Weg. Das Leben ist ein Wunder und SIE sind ein Wunder, lassen Sie dieses Wunder Wirklichkeit werden.

Lebe Dein LEBEN!

Verzaubern Sie Ihren Alltag machen Sie aus einem ganz normalen Alltag etwas ganz Besonderes. »Zelebrieren« Sie Ihr Leben. Entdecken Sie Ihre Individualität. Haben Sie den Mut – Sie selbst zu sein und versuchen Sie nicht mehr normal zu sein. Wer das tut, was alle tun, der erreicht auch nur das, was alle erreichen.

Was möchten Sie am liebsten ab jetzt tun? Wie sollte IHR Leben im Idealfall aussehen? Was hindert Sie eigentlich noch daran? Welche Ausrede haben Sie noch, nicht wirklich IHR Leben zu leben Sie sind etwas ganz Besonderes. Sie sind einmalig – stehen Sie dazu! Leben ist mehr als nur älter zu werden. Hören Sie auf zu werden und fangen Sie an zu SEIN!
Beginnen Sie JETZT, in diesem Augenblick so zu sein, dass Sie am Ende sagen können:
»ICH HABE WIRKLICH GELEBT!«

Das Leben liegt immer VOR Ihnen

Viele glauben unbewusst, dass man das Leben nur in der Jugend wirklich genießen kann. Wenn sie aber die Chance hätten, würde kaum einer in seine Jugend zurückkehren wollen, weil die eben doch nicht so glücklich war, tatsächlich genießen wir scheinbar die reifen Jahre deutlich mehr, als die Jugend, aber das sollten wir auch ganz bewusst tun.
Ich lebe in dem Bewusstsein: »Das Schönste kommt erst noch.« Und tatsächlich habe ich das Gefühl, dass mein Leben von Jahr zu Jahr schöner wird. Vielleicht ist es auch gerade dieser Glaube, der genau das schafft aber das ist eigentlich unwichtig, was zählt ist die Tatsache, dass es so ist. Machen Sie sich bewusst, dass Sie für nichts zu alt sind. Natürlich können Sie irgendwann einmal nicht mehr den Mount Everest besteigen, aber hätten Sie das in Ihrer Jugend gekonnt? Und hätten Sie es gewollt? Wahrscheinlich nicht. Für das was wirklich JETZT zu Ihrem Leben gehört, sind Sie nie zu alt und alles was wirklich zählt, ist möglich und liegt vor Ihnen, wartet

nur darauf, dass Sie es wählen. Also machen Sie sich bewusst, was jetzt für Ihr Leben wichtig ist und gehen Sie gleich daran, es zu erleben. Seien Sie sich dabei vor allem der Fülle der Möglichkeiten bewusst und dass Sie immer aufs Neue die Wahl haben und Ihr Leben IST diese Wahl. Ob der schönste Teil Ihres Lebens noch vor Ihnen liegt, das liegt in Ihrer Hand. Ich habe unzählige Menschen gefragt, wann sie in ihrem Leben am glücklichsten waren und die meisten antworteten: »JETZT!« Seien Sie auch jetzt am glücklichsten und sorgen Sie dafür, dass ein Leben vor Ihnen liegt, auf das Sie sich freuen, das eigentliche Leben fängt jetzt erst an.

Lebenskünstler werden

Viele Menschen interessieren sich für die Frage, ob es ein Leben nach dem Tod gibt. Viel wichtiger ist doch, dafür zu sorgen, dass es ein Leben VOR dem Tod gibt. Dieses Leben findet Ihnen zur Freude statt und wann immer Sie sich nicht freuen, machen Sie etwas falsch. Fangen Sie an, Ihr Leben wirklich zu gestalten, zuerst in Ihrer Phantasie und dann in der Realität. Schaffen Sie sich ein Leben, indem Sie sich auf jeden neuen Tag freuen. Werden Sie ein »Lebenskünstler«. Gestatten Sie dem Leben, Sie dafür fürstlich zu bezahlen, indem Sie das tun, was Ihnen ohnehin am meisten Freude macht. Bringen Sie auch in Ihren Berufsalltag Originalität und Stil und machen Sie Freundlichkeit und Aufgeschlossenheit zu Ihrer ständigen inneren Haltung. Jeder will gerne Freunde haben, aber kaum einer macht sich die Mühe, einer zu sein. Schaffen Sie sich die Visitenkarte des eigenen, erfüllten Lebens und seien Sie ein

Segen für jeden, der das Glück hat, Ihnen zu begegnen.
Fangen Sie JETZT an wirklich »MÄRCHENHAFT« zu leben,
denn Sie werden diesen Weg kein zweites Mal gehen können.

Erkennen Sie Ihre »Lebenslehrer«

Ein altes Sprichwort sagt:
»Wenn der Schüler bereit ist, kommt ein neuer Lehrer.«

Auch ich habe das immer wieder erlebt und manchmal habe
ich den neuen Lehrer nicht gleich erkannt.
So habe ich eines Tages sehr viel von einer Auster gelernt.
Wenn Sandkörner in ihre Schale dringen, setzt sie alles daran,
sie wieder loszuwerden und meistens gelingt ihr das auch,
durch ihre Beharrlichkeit. Wenn es ihr aber einmal nicht gelingt,
dann macht sie das Beste daraus – eine PERLE!
Ein anderer wichtiger Lehrer für mich war eine Briefmarke.
Denn die Briefmarke hat eine Eigenschaft, die den meisten
Menschen fehlt, sie hält an einer Sache fest – bis ans ZIEL!
Auch von einem Huhn habe ich eine wichtige Lektion gelernt.
Denn ein Huhn gackert erst, wenn es das Ei gelegt hat!
Also seien Sie wachsam, damit Sie Ihren nächsten Lehrer
auch ERKENNEN, sonst kann es sein, dass Sie die Lektion
verpassen und bekommen schmerzhaften »Nachhilfeunterricht«
vom Leben.
Wenn wir die Augen offen halten, dann ist das Leben voller
Wunder und wenn in Ihrem Leben keine Wunder geschehen,
dann machen Sie etwas falsch und das können Sie in JEDEM
Augenblick ändern, z.B. JETZT!

Ein Augenblick der Geduld kann vor großem Unheil bewahren, ein Augenblick der Ungeduld kann ein ganzes Leben zerstören.

Die neue Art des Lernens

Um die Wissensexplosion zu bewältigen, brauchen wir eine ganz neue Art des Lernens. Nicht mehr zuhören, beurteilen, auswählen, merken oder aufschreiben. Erwünschtes angewöhnen, sich allmählich umgewöhnen und letztlich vielleicht TUN. Dabei wird vieles vergessen, oder wir wissen es zwar, halten es für richtig, aber tun es nicht, wenn wir es nicht immer wiederholen.

Die neue Art des Lernens ist viel einfacher und vor allem effektiver: Zuhören, wahrnehmen, SEIN. Die bisherige Art des Lernens findet überhaupt nicht mehr statt und ALLES ist SOFORT Teil des eigenen Bewusstseins. Es gibt nichts zu lernen, nichts zu üben und nichts wird vergessen.

Es gibt kein schlechtes Gedächtnis, es gibt bloß einen falschen Umgang damit, denn unser Gedächtnis ist wie ein Videorekorder – unbegrenzt leistungsfähig und kann nicht überfordert werden, aber die Sprache des Gedächtnisses ist das Bild – und Bilder sind auch nach Jahrzehnten noch ganz lebendig abrufbar. Abstrakte Informationen sind nicht merkbar, es sei denn, wir übersetzen Sie in ein Bild. Sich etwas einprägen heißt, ein solches Bild mit einem positiven Gefühl zu verbinden, dann können wir es gar nicht mehr vergessen. Machen Sie es sich wieder zur Gewohnheit, bildhaft zu denken und das Einzige, was Sie vergessen können, ist Ihre Gedächtnisschwäche. Lassen Sie sich überraschen, um wie viel leichter und freier Ihr Leben allein dadurch wird.

Lesen Sie sich glücklich

Ein Buch führt Sie in eine andere Welt und mit der Wahl des Buches bestimmen Sie, welche Welt das sein wird. Wenn Sie eine Biographie lesen, treten Sie ein in ein anderes Leben, sind Sie zu Gast im Leben eines anderen, können es teilen, solange Sie wollen. Und wie im tatsächlichen Leben, wenn Ihnen eine Seite nicht gefällt, blättern Sie einfach um. So können Sie auch im eigenen Leben jederzeit eine neue Seite aufschlagen. Durch ein Buch können Sie Anteil haben an den Erfahrungen eines anderen und indem Sie aus SEINEN Fehlern lernen, brauchen Sie nicht jeden Fehler selbst zu machen. Natürlich mehrt lesen auch ungemein das Wissen, aber was im Leben zählt, sind Erfahrungen.

Lesen regt aber auch die Phantasie an. Indem Sie in das Leben eines anderen eintauchen, an seinem Leben teilhaben, finden Sie vielleicht das Eine oder Andere, das sich lohnt, in Ihrem Leben verwirklicht zu werden. Sogar der unerfüllte Wunschtraum eines Anderen kann in IHREM Leben verwirklicht werden. Lesen trainiert das Gehirn, erhält Sie geistig fit und jung. Sie können beim Lesen das Wunder der wahren Konzentration erleben, indem Sie in dem Buch »versinken«, die Welt loslassen und ganz bei der Sache sind. Es ist eine sehr erholsame Form der Konzentration, eher eine Entspannung, weshalb ich sie auch »konzentrierte Entspannung« nenne. Sie sollten sich diese Art der Konzentration öfters gönnen, oder noch besser ständig.

Und Ganz nebenbei kann das richtige zu lesen ganz schön glücklich machen. Das Glück ist manchmal nicht weiter entfernt, als der Griff zu einem guten Buch.

Schritte auf dem Weg zur wahren Liebe

Der erste Schritt auf dem Weg zur wahren Liebe besteht darin, mich den anderen wirklich bedingungslos zuzuwenden und aus dieser Zuwendung soviel Glück zu erleben, dass ich nicht mehr danach frage, was ich bekomme. Bekomme ich etwas, ist das ein zusätzliches Geschenk.

Will ich in der Liebe glücklich werden, muss ich zwei Dinge auflösen: Die Angst nicht genug geliebt zu werden und das Verlangen den Anderen besitzen zu wollen, denn wer Angst hat und besitzen will, der wird letztlich alles verlieren.

Soll meine Liebe Bestand haben, braucht sie drei Voraussetzungen: Bewunderung, eine gemeinsame Aufgabe die uns begeistert und Verständnis für den Anderen, auch ohne zu verstehen.

Irgendwann entdecke ich auf dem Weg zur wahren Liebe, dass Liebe nicht unbedingt ein Gegenüber braucht, denn Liebe existiert ohne ein Gegenüber, einfach aus sich selbst. Liebe ist einfach, durchdringt und erfüllt mich und aus diesem Erfülltsein entsteht die Liebe, die nichts mehr ausschließt und nichts mehr bevorzugt. Diese wahre Liebe ist das Einschwingen in das Einssein mit dem Einen in Allem. Ein Mensch der so liebt, liebt nicht irgendjemand, oder irgendetwas, er ist ein Liebender geworden.

Lieben Sie sich

Sind Sie wirklich Ihr bester Freund? Machen Sie sich einmal bewusst, was Ihr Leben bereichern würde und verwirklichen Sie JEDEN Tag etwas, das Ihr Leben reicher und erfüllender macht. Sie brauchen im Leben auf nichts zu verzichten und das Leben wartet nur auf Ihre Anweisungen. Das Glück ist kein Ziel, liegt nicht im Außen, in den Dingen. Glück heißt MEINEN Weg genießen. Ein Leben voller faszinierender Abenteuer wartet auf Sie. Man kann sein Glück auch »abonnieren«.

Fangen Sie an, Ihr Leben wirklich zu »führen« und gehen Sie dabei den Weg der Freude. Lassen Sie los, was Sie nicht wirklich glücklich macht und verwirklichen Sie, was Ihr Leben erfüllt. Fangen Sie an, sich selbst zu mögen, besser zu lieben. Verwöhnen Sie sich immer wieder. Lassen Sie sich JEDEN Tag eine Überraschung einfallen, das den Tag unvergesslich macht. Gehen Sie spielerisch mit dem Leben um, denn das Leben meistert man spielend, ODER ÜBERHAUPT NICHT.

Treten Sie jetzt als ein neuer Mensch in ein neues Leben. Leben Sie so, dass Sie am Ende sagen können: »Ich habe wirklich gelebt.« Seien Sie ein lebendes Beispiel dafür, dass es möglich ist, ein erfüllendes Leben zu leben und vielleicht können Sie so die Welt ein bisschen besser zurücklassen, als Sie, sie vorgefunden haben.

TUN Sie, was Sie am liebsten tun würden

Sicher haben auch Sie schon manches Mal gedacht: »Am liebsten würde ich jetzt ...« und dann haben Sie sich vorgestellt, was Sie am liebsten tun würden, aber haben es dann doch nicht getan. Und manches Mal war das auch sicher besser so, aber auf diese Weise bleibt manch schöner Traum auch nur ein Traum. Wenn Sie wieder einmal am liebsten tun würden ...

– dann sollten Sie einmal prüfen was Sie daran hindert, es zu Tun, wenn Sie es WIRKLICH wollen. Lassen Sie es nicht beim träumen, sondern machen Sie Ihre Träume wahr, wenn es ein schöner Traum war, denn ein solcher Traum ist ein Angebot des Lebens, zu leben wie im Traum, und eine Aufforderung, diesen Traum zu verwirklichen. Lassen Sie sich daher nicht mehr von den vielen »WENN und ABER« abhalten zu Tun, was Sie wollen. Wenn es Sie wirklich glücklich machen würde, ist es auch wert, getan zu werden. Sie werden dabei sehr schnell lernen, unsinnige Träume zu unterscheiden von Träumen, die Ihr Leben bereichern und Sie glücklicher machen möchten. Und JEDER dieser Träume möchte Ihr Leben verzaubern und wartet nur darauf, dass Sie ihn »in Erscheinung« treten lassen. Lassen Sie sich nicht länger einreden, dass das Leben nicht so schön sein kann, wie ein Traum, schon gar nicht von Ihrem Verstand. Beweisen Sie ihm einfach das Gegenteil, indem Sie Ihre schönsten Träume verwirklichen und einfach ein traumhaftes Leben führen.

Den Mittelweg finden, zwischen IMMER und NIE

Immer ist genauso falsch, wie nie. Wenn wir immer nach dem Essen noch ein Dessert gegessen haben und merken, dass uns das nicht bekommt und wir dadurch etwas »vollschön« geworden sind, dann sollten wir nicht versuchen, nun nie mehr ein Dessert zu essen. Der Versuch ist gescheitert, bevor wir begonnen haben. Besser ist es, den goldenen Mittelweg zu finden und uns zu fragen: »Stimmt es JETZT für mich, ein

Tu alles Gute, das du vermagst und
tu es so leise wie möglich.

Dessert zu nehmen?« Dann wird die Antwort meistens NEIN lauten, aber manchmal wird es stimmen und dann sollten Sie es »frohen Herzens genießen«. Es gibt keinen Grund, aus irgendetwas einen Wettbewerb zu machen.

Aber es gibt auch etwas, das Sie IMMER tun können, immer tun sollten, das ist LIEBEN. Denn wenn Sie lieben, können Sie nicht leiden. Lieben beendet leiden. Lieben heißt nicht »haben wollen«, sondern wirklich LIEBEN. Leiden ist keine Notwendigkeit, wir bestrafen uns nur selbst. Es wird nie eine bessere Gelegenheit geben, als diese. Keine bessere Zeit und keinen besseren Ort. Was zu tun ist, sollten Sie JETZT tun. Der Schlüssel zur Veränderung, den Sie schon so lange suchen, heißt: »Anfangen!« Solange Sie woanders hinschauen, schauen Sie in die falsche Richtung. Es gibt nichts Dringenderes, nichts Wichtigeres, nichts Eiligeres, als anzufangen. Eines Tages werden Sie es ohnehin tun, warum nicht JETZT?

Nutzen Sie die unwiderstehliche Macht des wahren Wollens

Wir können im Leben alles erreichen, was wir wirklich wollen. Wir schulen unseren Verstand, ein Leben lang, aber kaum jemand schult seinen Willen. Am Anfang jeder Veränderung steht das Wollen und die Meisten scheitern schon daran, dass sie nie gelernt haben, wirklich zu wollen. Ein Ergebnis des geschulten Willens ist die Beharrlichkeit, an einer Sache dranzubleiben, bis ans Ziel. Das ist eine Eigenschaft, die jede Briefmarke hat, die aber den meisten Menschen fehlt. Dem Menschen wäre nichts unmöglich, hätte er die Beharrlichkeit.

Sie können alles erreichen, was Sie wollen, wenn Sie wirklich wollen. Während Sie Ihren Willen schulen sollten Sie auch sorgfältig prüfen, ob sich ein Ziel zu wollen lohnt, denn oft ist die Strafe, dass wir bekommen, was wir wollen. Probieren Sie daher die mögliche Zukunft vorher an, bevor Sie, sie verursachen. Wenn das Ziel aber stimmt, dann nutzen Sie die Macht der unwiderruflichen Entscheidung. Wenn Sie sich so entschieden haben, ich meine, wenn Sie sich WIRKLICH entschieden haben, dann gibt es keine andere Möglichkeit mehr, als das Ziel zu erreichen. Und dann sollten Sie vorher wissen, dass es ein lohnendes Ziel ist, ein Ziel, das Ihr Leben bereichert und Sie glücklich macht. Konsequentes Wollen überwindet letztlich jedes Hindernis und Sie erreichen, was immer Sie wollen.

Die »Kunst des Lobens«

Wohl jeder wird gern einmal gelobt und vergisst dabei zu oft, dass man nur bekommt, was man gibt. Tadeln ist leicht, deshalb tun es auch so viele. Von Herzen zu loben aber fällt vielen schwer. Also fangen Sie doch einfach damit an und beginnen Sie gleich bei sich selbst. Loben Sie sich selbst und finden Sie dafür immer neue Gründe, für den Anfang aber mindestes 10 und danach richten Sie Ihr Bewusstsein darauf, was Sie an anderen gut finden und SAGEN Sie es ihnen auch. Wann haben Sie Ihren Partner das letzte Mal gelobt? Finden Sie ab jetzt mindestens 3-mal am Tag einen Grund, Ihren Partner zu loben. Ertappen Sie ihn bei etwas Lobenswertem, und sagen Sie es ihm.

Auf diese Weise können Sie es gar nicht vermeiden, selbst immer häufiger gelobt zu werden und das Leben wird gleich viel lebenswerter, indem Sie liebenswerter werden. Verwechseln Sie Lob aber nicht mit Schmeichelei. Ein Lob muss immer echt und ehrlich sein und sollte aus dem Herzen kommen. Werden Sie ein Meister in der »Kunst des Lobens« und Sie sind einen großen Schritt weiter auf dem Weg zur Meisterschaft in der »Kunst zu loben«.

Loslassen, was nicht zu Ihrem Glück beiträgt

Die meisten Menschen machen sich das Leben schwer, mit einem Ballast von alten Verhaltensmustern, überholten Vorstellungen, einem negativen Selbstbild usw. Prüfen Sie einmal gründlich jeden einzelnen Aspekt Ihres Lebens, ob er wirklich zu Ihrem Glück beiträgt, oder Sie eher belastet und haben Sie den Mut, alles, was nicht zu Ihrem Glück beiträgt, loszulassen. Dazu gehören sicher Verhaltensweisen und Gewohnheiten wie, Ärger, Angst, sich Sorgen zu machen, Stress, Schuldgefühle usw. Aber auch Minderwertigkeitsgefühle, Zweifel, Aggressionen und Selbstmitleid. Dazu gehören sicher viele Ihrer Bekannten, denn wenn Sie konsequent den »Rucksack der Vergangenheit« ausziehen wollen, dann sollten Sie sich auch von überholten Bekanntschaften trennen. Dazu gehört sicher auch, eine falsche Tätigkeit, überholte Ziele. Renovieren Sie Ihr ganzes Leben und machen Sie sich bewusst, was wirklich zu Ihnen gehört, denn das können Sie nicht verlieren und was nicht mehr zu Ihnen gehört, das können Sie ohnehin nicht hal-

Wem das Wasser bis zum Hals steht,
der sollte den Kopf nicht hängen lassen!

ten und vor allem, es kommt immer etwas BESSERES nach. So wie Sie sich immer wieder einmal neue Kleider kaufen und ein neues Auto, so sollten Sie auch Ihr Leben immer wieder einmal von Grund auf erneuern. Schließlich wollen Sie sich ja in Ihrem Leben wohl fühlen und da sollten Sie in Ihrem Leben auch die Hauptrolle spielen.

Wie man sich eine Lösung »einfallen« lässt

Machen Sie sich bewusst, dass die Lösung für Ihre Schwierigkeit, oder Aufgabe, die Antwort auf Ihre Frage, die richtige Entscheidung bereits existiert und nur darauf wartet, Ihnen »einzufallen«.

Lassen Sie sich eine gute Idee gezielt einfallen, indem Sie zunächst die Frage ganz präzise formulieren und zwar so einfach wie möglich, aber unmissverständlich. Erleben Sie dann in Ihrer Vorstellung, wie Ihnen das Gewünschte einfällt und wie begeistert Sie von diesem Einfall sind. Damit geben Sie Ihrem Unterbewusstsein den klaren Auftrag, was zu tun ist.

Erfüllen Sie Ihr Bewusstsein mit dem festen Glauben, dass die richtige Antwort Sie sicher erreicht und Sie, sie auch wahrnehmen. Dieser Glaube schafft eine bestimmte energetische Schwingung, die unweigerlich das Geglaubte anzieht, aber eben auch nur das. Was Sie nicht glauben können, das kann auch nicht geschehen, denn noch immer geschieht einem JEDEN nach seinem Glauben. Sie können sich mit der Vorstellung erfüllen, dass Sie die Antwort sofort erreicht, oder wenn Sie das nicht glauben können, nach einer bestimmten Zeit, z.B. am nächsten Morgen, sobald Sie den ersten Schluck trinken. Das ganze können Sie abends, vor dem Schlafengehen machen.

Machen Sie sich auch bewusst, dass die Antwort als Bild, Symbol, als Gefühl, oder »innere Gewissheit« in Ihr Bewusstsein treten kann. Aber auch als Idee, als Impuls, als Chance oder Zufall. Seien Sie offen, um auf ALLEN Frequenzen empfangsbereit zu sein. Aber wenn Sie die Antwort haben, dann handeln Sie auch entsprechend, denn Wissen allein genügt nicht, man muss es auch tun.

Selbst zum Meister werden

Es geht darum, das Leben wirklich zu meistern. Wir verwenden den Begriff Meisterschaft sehr häufig. Im Sport kennen wir Landesmeister, Europameister oder gar Weltmeister. Wir kennen Bäckermeister, Schreinermeister und Malermeister, aber glauben kaum, dass ein solcher Meister auch nur sein Fachgebiet wirklich vollkommen beherrscht. Unbewusst glauben wir, dass Meisterschaft die Vollkommenheit einer Tätigkeit sei, aber gleichzeitig kennen wir vollkommene Entspannung und Ruhe und erkennen, dass Vollkommenheit eine Qualität des Bewusstseins ist, die auch auftreten kann, wenn wir ruhen. Wahre Meisterschaft ist die Erfahrung, auch etwas Neues vollkommen auszuführen und dabei erleben wir, dass eine solche Erfahrung immer nur im JETZT möglich ist. Je mehr es mir gelingt, im JETZT zu sein, desto vollkommener wird mein Tun. Nur in diesem Augenblick können Sie wahre Meisterschaft erleben und das JETZT ist immer bereit. Sie können weder vorher leben, noch nachher, sondern Leben findet nur im JETZT statt. Für viele Menschen aber ist Leben etwas das geschieht, während sie anderweitig beschäftigt sind. Wahre Meisterschaft besteht darin, das JETZT ganz bewusst zu erleben und aus einem normalen Alltag etwas ganz Besonderes zu machen.

Sich selbst meistern

Will ich das Leben meistern, muss ich zuerst Meister werden über mich selbst. Viele Menschen glauben, dass es in unserer hektischen Zeit, mit ihren vielfältigen Anforderungen und Verpflichtungen gar nicht möglich ist, den geistigen Weg zu gehen, glauben das bedeute, Haus und Familie zu verlassen und ein Leben in Einsamkeit und Meditation zu führen unter Verzicht auf beruflichen Erfolg und materiellen Wohlstand. Oder sie glauben, das tägliche Leben würde die geistige Entfaltung behindern, aber in Wirklichkeit ist es umgekehrt. Der richtige Platz für meinen geistigen Weg ist immer dort, wo ich gerade stehe und nur von dort aus kann ich den nächsten Schritt tun.

Auf diesem Weg ist mein Ego – Freund und Versucher und mein wichtigster Lehrer auf dem Weg der Selbstverwirklichung. Ich brauche dabei nur die Chancen nutzen, die das Leben mir ständig bietet. Vollkommen sein heißt nicht, gut sein wollen, edel und ideal, sondern immer mehr zur Ein-Sicht zu kommen und im Ein-Klang zu leben mit dem was ist. Und es gibt keinen Grund, auf etwas zu warten, an einen Erlöser, denn der Erlöser wartet in mir darauf, dass ich zu mir selbst erwache. Dann erkenne ich mich als höchstes Bewusstsein und erkenne dieses höchste Bewusstsein auch in jedem anderen, denn in Wirklichkeit sind wir alle Eins. Der beste Zeitpunkt, den nächsten Schritt zu tun ist JETZT. Anzufangen, wirklich »stimmig« zu leben und alles ist plötzlich ganz einfach und im gleichen Augenblick beginnt das eigentliche Leben in der »Leichtigkeit des Seins«.

Leichtsinnig leben

Die meisten Menschen schleppen sich ihr Leben lang ab, mit dem Ballast der Vergangenheit, anstatt sich bewusst zu machen, dass die Vergangenheit für immer vorbei ist, und keine Möglichkeit hat, die Gegenwart zu erreichen, wenn Sie endlich loslassen und leichten Fußes durch Ihr Leben gehen. Das gilt auch für das Ärgern, die Angst und die Sorgen, die wir uns machen, wie die Weisheit der Sprache schon sagt: »Hören Sie auf, sich Sorgen zu machen« – und auf einmal sind keine mehr da, weil Sorgen von selbst nicht entstehen können. Es gibt so vieles, was das Leben schwer macht, z.B. Empfindlichkeit, Zweifel, Aggressionen und Lieblosigkeit. Machen Sie es sich leicht und gehen Sie »leichten Gemütes« durchs Leben, wie Meister Ekkehard so schön sagt: Genießen Sie, was ist und lassen Sie los, was Ihr Leben nicht wirklich bereichert und dazu gehört ALLES, was nicht zu Ihrem Glück beiträgt, um diesen Augenblick wirklich zu genießen. Viele Probleme entstehen dadurch, dass wir heute noch das »GESTERN« mit uns herumschleppen. Aber das Gestern ist vorbei und wenn Sie es mit sich herumschleppen, erschwert das Ihre Reise unnötig. Auch einen geliebten Menschen werden wir eines Tages loslassen müssen, da ist es besser, Sie haben ihn nie festgehalten und so brauchen Sie auch nicht zu leiden. Erfreuen Sie sich einfach an jedem Tag, den Sie miteinander haben und seien Sie dankbar für die schöne Zeit, wenn es vorbei ist. Lassen Sie alles los, bis nichts mehr da ist, was Sie loslassen könnten, erst dann sind Sie frei für das eigentliche Leben.

Werden Sie doch Millionär

Das ist einfacher, als Sie denken. Kaum jemand ist sich bewusst, wie einfach es ist, zu wirklich VIEL Geld zu kommen, wenn man den Faktor Zeit mit der richtigen Geldanlage verbindet, heute weiß ich, wenn man ein paar einfache Regeln befolgt, kann man es gar nicht mehr vermeiden Millionär zu werden, denn bei der richtigen Kapitalanlage wirkt sich der Zins- und Zinseszinseffekt so aus, dass jeder zuverlässig Millionär wird. Vielen erscheint das gerade zu unheimlich, zumindest unseriös, dabei ist alles absolut seriös, vollkommen legal und für jedermann machbar und es wird seit Jahrzehnten praktiziert, mit dem immer gleichen Erfolg. Es hat alle Börsencrashs und Kursstürze glänzend überstanden. Es beginnt mit der Erkenntnis, dass praktisch jeder in seinem Leben ohnehin Millionär wird, zumindest Einkommensmillionär. Würde er davon regelmäßig und von Anfang an nur 10% sparen und SINNVOLL anlegen, würde er allein damit in einigen Jahren über mehr Geld verfügen, ALS ER JEMALS EINGENOMMEN HAT. Das Wichtigste ist auch hier der Faktor Zeit und die Regelmäßigkeit. Geld allein macht zwar nicht glücklich, aber

Die meisten Schatten im Leben kommen daher,
dass wir uns selbst in der Sonne stehen.

Armut kann einen Menschen zerstören. Man kann mit Geld weder Freundschaft, noch Liebe kaufen, trotzdem sollten Sie Geld nicht gering schätzen. Es schenkt die Freiheit, nicht für Geld einer ungeliebten Tätigkeit nachgehen zu müssen und das zu tun, was wirklich glücklich macht. Geld ist gedruckte Freiheit. Das Leben ist ein Spiel und Geld ist ein Maßstab, an dem man erkennen kann, wie das Spiel ausgegangen ist. Wenn Sie wieder einmal gefragt werden: »Was machen Sie eigentlich« – dann können Sie einfach sagen: »Ich bin Millionär!«

Beginnen Sie wirklich miteinander zu leben

Auf einem Seminar in Aspen/Colorado machte der Seminarleiter mit uns ein Spiel, das mich tief beeindruckt hat. Es wurden Mannschaften zu je vier Personen gebildet und »Mensch ärgere Dich nicht« gespielt. Zuerst ganz normal, das heißt – jeder musste jeden rausschmeißen, wenn das möglich war. Nach 15 Minuten wurden die Ergebnisse ermittelt und zwar für jeden Einzelnen und für seine Gruppe. Dann begann eine zweite Runde, mit der einzigen Ausnahme, dass nun jeder jedem helfen musste, wenn das möglich war und jeder vermeiden sollte, einen anderen rauszuschmeißen. Nach 15 Minuten war wieder Schluss und wieder wurden die Ergebnisse ermittelt, für jeden Einzelnen und für seine Gruppe. Das Ergebnis hat mich wirklich verblüfft, denn nicht nur, dass ALLE Gruppen deutlich besser abgeschnitten hatten, als zuvor, auch JEDER EINZELNE hatte ein viel besseres Ergebnis. Das heißt, selbst aus Egoismus sollte man miteinander Leben, anstatt gegeneinander, weil dann jeder deutlich weiterkommt.

Schauen Sie doch gleich einmal, wo Sie diese Erkenntnis in Ihr Leben sinnvoll einbauen könnten und wenn Sie wollen, spielen Sie mit Ihrer Familie und Ihren Freuden Mensch ärgere dich nicht nach beiden Regeln und erleben Sie selbst, wie SIE das weiterbringt. So helfen Sie gleich auch Ihren Freunden, das zu erkennen und das Leben aller wird dadurch leichter und glücklicher.

Spielregeln für ein glückliches Miteinander

1. Nicht mit einer bestimmten Vorstellung in eine Partnerschaft gehen, sonst suche ich nur die Verwirklichung meiner Vorstellung und nicht die Wirklichkeit. Bin nicht offen, sondern suche, was nach meiner Meinung zu sein hat. Halte das für normal und alles andere für falsch.

2. Alle Erwartungen loslassen, wie der Andere zu sein hat. Den Anderen weder erziehen, noch ändern wollen. Erkennen, ich habe keinen Anspruch auf den Anderen, auch nicht auf ein bestimmtes Verhalten. Werde selbst ein immer idealerer Partner.

3. Keine Bedingungen oder Forderungen für die Liebe stellen. Keine bestimmten Voraussetzungen verlangen (Ich liebe Dich nur, wenn ...)

4. Achtsam und achtungsvoll sein.

5. Mich nicht durchsetzen, Recht haben, gewinnen wollen. Wenn in einer Auseinandersetzung einer gewinnt, dann haben beide verloren.

6. Keine Rolle spielen. Echt, ehrlich, authentisch sein.

7. Mich anpassen, ohne mich aufzugeben.

8. Autonom werden. Den Anderen lieben und nicht brauchen.

9. Verständnis haben, auch ohne zu verstehen.

10. Nicht RICHTEN, sondern AUFRICHTEN und AUSRICHTEN.

11. In ständiger Kommunikation mit dem Anderen sein. Die unterschiedlichen Bedürfnisse klären und sich einigen.

12. Keine Schuldzuweisungen vornehmen: (Du-Spiel), denn der Andere hat nie etwas mit meinem Problem zu tun, ist immer nur ein Spiegel für einen Mangel in mir, hilft mir, ihn zu erkennen und zu beseitigen.

13. Nicht »reagieren«, sondern »agieren«.

14. Den Anderen nicht besitzen wollen.

15. Keine Versprechen verlangen (Wirst Du mich auch immer lieben?)

16. Mich selbst lieben. Mir selbst mein bester Freund sein. Ich kann den Anderen nur in dem Maße lieben, wie ich mich selbst lieben kann!

17. Ziel ist ein Leben in der Liebe und damit im TAO. Wer zuerst da ist, hat gewonnen, hat sich selbst gewonnen und kann dem Anderen helfen, auch zu sich selbst zu finden.

*Jedem wird Hilfe und Beistand zuteil, und zwar
in genau dem Maße, wie er sich selbst bemüht!
Wenn Sie also eine hilfreiche Hand suchen,
schauen Sie einmal ans Ende Ihres Armes.*

Alles ist möglich

Lösen Sie sich von der durch nichts zu begründenden Vorstellung, dass es im Universum eine begrenzte Menge an Wohlstand gäbe. Tatsache ist, dass wir jede beliebige Menge von allem jederzeit »in Erscheinung« treten lassen können. Es ist zwar nicht genug für alle da, aber es kann genügend und mehr für alle geschaffen werden. Mangel und Knappheit ist nur eine Vorstellung im Verstand. Realität ist bereit, jederzeit alles hervorzubringen, was immer ein Schöpfer verursacht. Wir müssen nur die Begrenzungen in unserem Bewusstsein erkennen und beseitigen, und alles ist möglich.

Alle Dinge geschehen zuerst im Bewusstsein, bevor sie im Außen geschehen können und »Schöpferische Imagination« ist die Transformation einer Vorstellung in die Wirklichkeit und lässt so Zukunft zur Gegenwart und eine Möglichkeit zur Gewissheit werden. Sie brauchen im Leben aus nichts zu verzichten, Wenn Sie unbedingt auf etwas verzichten wollen, dann verzichten Sie aufs Verzichten. Das Leben ist in Wirklichkeit ein faszinierendes Spiel, zu dem wir nur die Regeln vergessen haben. Sobald wir uns wieder »er-innern« wird der Erfolg »unvermeidbar« und uns fällt in den Schoß, worum wir uns zuvor vergeblich bemüht haben.

Es hat schon eine Menge guter Dinge auf dieser Welt gegeben, bevor Sie hier waren und es wird noch eine Menge guter Dinge geben, nachdem Sie gegangen sind. Worauf es ankommt ist, dafür zu sorgen, dass Sie bekommen, was immer Sie wollen, SOLANGE SIE HIER SIND.

Hören Sie jeden Tag gute Musik

Jede Musik hat eine bestimmte Energie, die sich über die Schwingung überträgt, vor allem auf Ihren Gemütszustand. Sie kann sie davontragen, in Bereiche, die sonst unerreichbar bleiben. Außerdem zeigt die Statistik, dass Menschen, die täglich mehrere Stunden gute Musik hören, um Jahre länger leben. Aber Sie leben nicht nur länger, Ihr Leben wird durch die Musik reicher und schöner. Verspannungen lösen sich, vor allem seelische und ein sich steigerndes Wohlgefühl kommt auf. Schwierigkeiten erscheinen auf einmal gar nicht mehr so schwierig und Schönes wird dadurch noch schöner. Aber warum darüber philosophieren, was zählt ist die praktische Erfahrung – IHRE Erfahrung. Also machen Sie sich zunächst einmal bewusst, was Ihre Lieblingsmusik ist und prüfen Sie einmal, ob sie Ihnen wirklich gut tut. Nicht alles, was gefällt, muss auch gut tun. Hören Sie dann einmal zum Vergleich, wirklich gute Musik und erleben Sie, Musik ist die beste Medizin und kann stärker heilen, als das beste Medikament, vor allem Ihre Seele, aber über die Seele und das Gemüt wirkt sie auch auf den Körper. Sogar Kühe geben mehr Milch, wenn sie täglich Mozart hören. Ein Zeichen, dass sie sich dadurch wohler fühlen. Nutzen auch Sie die wunderbaren Möglichkeiten der Musik, die Ihr Leben um Vieles schöner machen kann. Es ist wunderschön, wenn Sie in allen Räumen Lautsprecher haben, die diegleiche Musik übertragen, auch im Bad, auch wenn Sie in einen anderen Raum gehen, bleiben Sie stets in der gleichen Schwingung und gehen beschwingt durchs Leben.

Werden Sie ein Optimist

Es ist unbestritten, dass das Leben für Optimisten um vieles leichter ist und es ist IHRE Wahl, ob Sie es als Pessimist oder als Optimist erleben. Zugegeben, beide sehen das Leben nicht so wie es ist. Aber der Optimist richtet seine Aufmerksamkeit darauf, wie es sein könnte und erwartet, dass es sich bessert und allein dadurch tut es das auch. Der Pessimist erwartet dagegen, dass es nur noch schlimmer werden kann und auch das tritt dann zuverlässig ein und bestätigt seine Befürchtungen. Hier wird das Gesetz der sich selbst erfüllenden Prophezeiung wirksam. Mit dessen Hilfe können Sie sich das Lebens schwer machen, oder eben auch ganz einfach, denn es erfüllt einfach und zuverlässig Ihre Erwartungen. Dazu kommt, dass Pessimismus ansteckend ist, Optimismus allerdings auch. Einer braucht nur den Anfang zu machen und andere lassen sich gern anstecken.

Warum tun SIE nicht den ersten Schritt? Werden und bleiben Sie Optimist und erleben Sie, wie Ihr Leben sich allein dadurch verwandelt. Wie die Dinge sich wie durch Zauberhand so verändern, wie Sie, sie gerne hätten. Wie etwas, das auch schlimm ausgehen könnte, sich eben doch zum Guten wendet. Optimismus ist wirklich wie ein Zauber und sollte ein Unterrichtsfach in jeder Schule sein. Und wenn Sie dann Ihren Bekanntenkreis angesteckt haben, dann macht das auch Ihr Leben noch schöner, denn es ist viel angenehmer in einem Kreis von Optimisten zu leben, als umgekehrt. Das Leben kann ein Kampf sein, oder eine Freude und SIE haben die Wahl, wie IHR Leben ist. Und wenn es wirklich mal schwierig wird, dann denken Sie einfach: »Wird schon nicht so schlimm

Wer seinen Nächsten verurteilt, der kann irren.
Wer ihm verzeiht, der irrt nie.

werden.« Und siehe da, alles wandelt sich zum Besten. Und sollte es das wirklich einmal nicht gleich tun, denken Sie daran: »Auch das geht vorüber!«

Werden Sie ein idealer Partner

Die meisten Menschen sind auf der Suche auch einem idealen Partner, dabei können Sie den idealen Partner gar nicht mehr verfehlen, wenn Sie selbst ein idealer Partner SIND, denn nach dem »Gesetzt der Resonanz« ziehen wir immer das an, was uns entspricht. Wenn Sie wollen, fangen Sie doch gleich damit an, ein idealer Partner zu sein, denn das werden Sie, indem Sie es sind. Ein wichtiger Schritt ist dabei, für den Anderen zu denken. Womit kann ich dem Anderen eine Freude machen? Wie kann ich unser Miteinander noch erfüllender gestalten? Wenn Sie so für den Anderen denken und Ihre Freude und Ihr Glück darin finden, dann warten Sie auch nicht mehr darauf, dass der Andere das auch tut, weil sein Glück ein wesentlicher Bestandteil Ihres Glückes ist. Und wenn Sie den Anderen glücklich machen, dann können Sie gar nicht mehr vermeiden, dass auch Sie glücklicher leben.

Ein idealer Partner zu sein heißt aber nicht, sich selbst zu verleugnen oder unterzuordnen, sondern mehr ein »WIR –Bewusstsein« zu entwickeln, anstatt weiter im »ICH« und »DU« zu leben. Denn wenn der Andere glücklich ist, dann leben ja auch Sie mit einem glücklichen Partner zusammen und das kann ganz schön glücklich machen. Also warten Sie nicht mehr darauf, dass der Andere endlich anfängt, Sie glücklich zu machen, sondern machen Sie den Anfang – gleich JETZT.

Die sieben Schlüssel zu einer erfüllenden Partnerschaft

Es kann noch so zauberhaft beginnen, wie es weitergeht, bestimmen SIE.

1. Glauben Sie daran, dass die Liebe auf Sie wartet und sorgen Sie dafür, dass die Liebe Sie finden kann. Seien Sie »verfügbar«. Erkennen Sie innere Hindernisse und lösen Sie, sie auf. Strahlen Sie aus: »Ich bin bereit« und »Ich warte auf Dich« – »Ich bin offen für die Liebe«. Seien Sie bereit, dass es in JEDEM Augenblick »geschehen« kann. Fangen Sie schon einmal an zu lieben und entwickeln Sie so Ihre Liebesfähigkeit. Suchen Sie nicht nach dem richtigen Partner, sondern seien Sie selbst ein idealer Partner, dann können Sie den Richtigen, oder die Richtige gar nicht mehr verfehlen.

2. Den Anderen nicht ändern wollen, sondern ihn so lieben wie er ist, mich ganz für den Anderen entscheiden – und mich ganz auf ihn einlassen, mich ihm bedingungslos zuwenden. Liebe braucht, wie eine Blume ständige Pflege und Aufmerksamkeit. Üben Sie schon einmal, aus einem ganz normalen Alltag etwas ganz Besonderes zu machen. Nicht richten, sondern aufrichten und ausrichten!

3. Mir kein Bild vom Anderen machen, nicht mit meiner Vorstellung vom Anderen zusammen leben, sondern ihn wahrnehmen, wie er wirklich ist und Ihn bedingungslos anerkennen und das Glück des Anderen zu einem wesentlichen Bestandteil des eigenen Glücks machen.

4. Zu erkennen – lieben lernen ist ein lebenslanger Prozess, der nie beendet ist. Liebe ist ein gemeinsamer Schritt in ein neues Leben, die Kunst, aus dem ICH und DU ein WIR werden zu lassen.
Überschütten Sie den Anderen mit Liebe.

5. Meine Liebe nicht vom Verhalten anderer abhängig machen, denn die Liebe selbst ist der Lohn der Liebe.
Bewundern Sie Ihren Partner. Auch im Streit fair bleiben.

6. Alles »warum« auflösen und einfach nur lieben. Ganz gleich was die Schwierigkeit ist, die Antwort ist Liebe. Liebe braucht keinen Grund.

7. Alle und alles lieben, das Leben, die Liebe, mich selbst, das Sein, und damit ein Liebender werden.

Am glücklichsten ist die Beziehung von zwei Glücklichen. Und wer weiß, möglicherweise eines Tages, oder wenn Sie wollen, in diesem Augenblick, beginnt die ideale Partnerschaft dadurch, dass Sie ein idealer Partner geworden sind.

Die Macht des positiven Denkens

Wahrscheinlich wären wir sofort bereit mehr über unsere Denkvorgänge nachzudenken, wenn wir für jeden positiven Gedanken einen Euro bekommen und für jeden negativen Gedanken einen Euro verlieren würden. Bei etwa 15.000 Gedanken am Tag könnte Sie das ganz schön reich machen, oder aber völlig arm.

Wir würden mit Begeisterung bereichernde Gedanken pflegen und Gedanken meiden, die uns Geld kosten. Dabei kosten uns negative Gedanken mehr als Geld, sie kosten uns Lebensqualität, Erfolg und letztlich unsere Gesundheit.

Für die meisten Menschen ist Leben etwas, das geschieht, während sie anderweitig beschäftigt sind und viele Menschen planen ihren Urlaub sorgfältiger, als ihr Leben.

Auch Erfolg ist kein Geschenk, er muss »erdacht« werden.

Sie müssen die Wahl treffen, wie Ihr Leben verlaufen soll und Ihr Leben IST diese Wahl. JEDER ist immer zu 100% erfolgreich, aber nicht immer entspricht das Ergebnis seiner Absicht, weil falsches Denken das verhindert.

Unser Denkvermögen ist vergleichbar mit einem Muskel, der verkümmert, wenn man ihn nicht, oder nicht richtig nützt. Nutzen Sie die Macht Ihrer Gedanken, um Ihr Leben glücklicher und schöner zu machen. Das Leben wartet nur auf Ihre Anweisungen und JEDER Gedanke IST eine Anweisung.

Ihr geistiges Potential

Auch Sie verfügen über ein phantastisches Vermögen, das zum größten Teil gar nicht genutzt wird, ja die meisten Menschen wissen nicht einmal, dass sie es haben. Ich meine, die fast unbegrenzten Möglichkeiten des bewussten schöpferischen Denkens. Nutzen Sie dieses unglaubliche Potential, um Ihr Schicksal und damit Ihre Zukunft bewusst zu bestimmen. Nur so kann man wahren Wohlstand erreichen und in diesem Wohlstand leben kann nur jemand, der wirklich »vermögend« ist. Vermögend ist nur der, der etwas vermag und der ist sehr vermögend.

Darum ist es wichtig, sein inneres Potential zu entwickeln, um es im Außen als Wohlstand in Erscheinung treten zu lassen.

Es ist wie in der Wüste, wo seit Millionen von Jahren ein Schatz verborgen war – das Erdöl, aber die Menschen an der Oberfläche waren arm. Erst als sie diesen Schatz entdeckten und gefördert haben, indem sie in die Tiefe gingen, wurde der innere Reichtum auch im Außen sichtbar.

Um diese Fähigkeit zu aktivieren braucht es keine geheimen Einweihungen, Sie brauchen nur anzufangen von Ihren Gaben Gebrauch zu machen.

So »renovieren« Sie Ihr Leben

Machen Sie sich einmal bewusst, was Ihnen an Ihrem Leben gefällt und was nicht. Definieren Sie, am besten schriftlich, wie Sie es gern hätten und entwerfen Sie sich so Ihr traumhaftes Leben. Befreien Sie sich aus dem »Gefängnis der Gegebenheiten« und lassen Sie alles los, was nicht mehr in dieses neue Leben gehört. Gestalten Sie bewusst Ihre Zukunft und fangen Sie an, wirklich die Hauptrolle in IHREM Leben zu spielen. Machen Sie Ihr Verhalten und vor allem Ihre Freude nicht mehr abhängig von irgendwelchen Umständen, die Sie ja ohnehin ändern können. Welches Leben würden Sie gern führen, wenn Sie sich völlig frei entscheiden könnten, frei von wirtschaftlichen Überlegungen, frei von allen Beziehungen, frei von allem. Wie müsste Ihre Wohnung sein, damit sie Ihnen ganz entspricht? So schön, dass das Denken daran Sie schon erfreut? Das gleiche gilt für Ihre Tätigkeit. Welche Art von

Tätigkeit würde Sie so erfüllen, Ihnen so entsprechen, dass Sie davon träumen? Etwas, das Sie am liebsten ständig machen möchten und auf das Sie sich schon freuen, am nächsten Tag weiterzumachen? Wie müsste Ihre Partnerschaft sein, um diesem Ideal zu entsprechen? Dass das Zusammensein mit dem Anderen Sie ganz erfüllt? Dass Sie miteinander träumen und gemeinsam diesen Traum verwirklichen?

Wie einverstanden sind Sie mit Ihrem Körper? Was stimmt nicht und warum nicht? Was müsste geschehen, damit Sie in und mit Ihrem Körper vollkommen glücklich sind? Schaffen Sie sich Ihren Traumkörper und beginnen Sie in diesem Augenblick! Verwirklichen Sie sich Ihren Traum vom Leben.

Schaffen Sie sich eine fürstliche Rente / Pension

Sie wissen längst, dass Sie sich auf das Staatliche Rentensystem nicht mehr verlassen können. Wenn Sie darauf bauen, ist die Armut im Alter sicher. Nun macht Geld zwar nicht glücklich, aber es kann das Glück ganz schön behindern. Vielleicht haben Reiche auch ihre Sorgen, aber sie können ihre Sorgen in mehr Luxus besser ertragen. Ich kann im Leben auf alles verzichten, nur nicht auf Luxus. Na ja, nicht ganz, auf meine geistige Entwicklung möchte ich auch nicht verzichten.

Der erste Schritt zu einer fürstlichen Zusatzrente ist die unwiderrufliche Entscheidung, sofort anzufangen, alles Notwendige dafür zu tun. Es beginnt damit, dass Sie sich Einkommenssteigernde Gewohnheiten zulegen und dazu gehört, immer wieder sein Bewusstsein darauf zu richten. Vergessen Sie

Ihren Traum, vom eigenen Häuschen, denn der Laie baut, der Fachmann wohnt zur Miete. Wenn Sie nachrechnen, haben Sie das Haus am Ende auch bei günstigen Zinsen, mindestens zweimal bezahlt. Von dem Geld können Sie schon eine fürstliche Rente schaffen. Lernen Sie erfolgreich zu investieren, es ist einfacher, als Sie denken. Entweder SIE arbeiten für Geld, oder Ihr Geld arbeitet für Sie. Schicken Sie Ihr so erspartes Geld zur Arbeit und LEBEN Sie.

Grundregel: So früh wie möglich anfangen, vor allem aber, überhaupt anfangen. Der ideale Zeitpunkt zum Einstieg ist JETZT! Nichts ist schlimmer, als später daran zu denken, was Sie früher hätten tun sollen. Lassen Sie vor allem aber die ZEIT für sich arbeiten. Legen Sie Ihr Geld sinnvoll an, und vergessen Sie es und eines Tages wachen Sie auf und sind reich.

Märchenhaft leben

Stellen Sie sich vor, das Leben sei eine Urlaubsreise und Sie können noch umbuchen. Wohin soll es denn gehen? Was wollen Sie im Leben erreichen? Was soll dieses einmalige Leben enthalten?

Also wenn Sie schon die Wahl haben, dann sollten Sie auch wirklich das Beste wählen, aber was ist das Beste? Vor allem, was ist das Beste für SIE?

Halten Sie alles schriftlich fest, vielleicht sogar zusammen mit Ihrer Familie.

Finden Sie einmal gemeinsam heraus, was dazu gehört um märchenhaft zu leben. Vielleicht machen Sie am Anfang nur

Stichworte und jeder darf alles einbringen. Dann setzen Sie einmal Prioritäten. Was also ist besonders wichtig – unverzichtbar? Sie stellen so die Werte-Hierarchie für Ihr märchenhaftes Leben zusammen. Daraus ergeben sich natürlich auch die erforderlichen Schritte. Da ist z.B. die Frage: Gehört meine derzeitige Tätigkeit zu meinem neuen, märchenhaften Leben? Und wenn nicht, welche würde denn dazu passen? Stimmt die derzeitige Wohnung, verfüge ich über genug Wohlstand, um das alles zu verwirklichen? Wie komme ich an mehr Geld? Die Antwort ist auch hier einfach, indem ich auf meinem Gebiet ein wirklicher Experte werde, dessen Rat jeder sucht Eine besondere Leistung bringt immer auch ein besonderes Einkommen und damit den Wohlstand den ich brauche.

Sie sehen, auch ein märchenhaftes Leben braucht etwas, aber der wichtigste Schritt ist die Definition, worin findet sich auch ein Weg, es zu erreichen. Fangen Sie an, denn so ein märchenhaftes Leben kann ganz schön glücklich machen.

Das »Geheimnis der Resonanz«

Machen Sie sich bewusst, Sie SIND ein Sender und senden ständig Energie einer bestimmten Schwingung aus. Mit dieser Schwingung ziehen Sie ganz bestimmte Ereignisse und Umstände in Ihr Leben und ebenso zuverlässig schließen Sie damit andere Ereignisse und Umstände aus, auch wenn Sie diese noch so sehr wünschen, oder ganz dringend brauchen. Das was Sie so verursachen, erleben Sie dann als Schicksal. Gleich ob Sie das bewusst, oder unbewusst tun.

Sie können es sich vorstellen, wie eine Mahlzeit die Sie zubereiten. Das was Sie da im wahrsten Sinne des Wortes »angerichtet« haben, müssen Sie auslöffeln, ob es Ihnen schmeckt oder nicht und Sie erleben es im Außen als Situation, Ereignis, Begegnung oder Zufall.

Sie haben also eine bestimmte Schwingung und der erwünschte Endzustand hat eine bestimmte Schwingung. Wenn diese beiden Schwingungen nicht übereinstimmen, KÖNNEN Sie den erwünschten Endzustand nicht erreichen. Stimmen diese beiden Schwingungen aber überein, können Sie das Ergebnis gar nicht mehr vermeiden.

Sie können so ganz bewusst bestimmte Ereignisse in Ihr Leben ziehen, oder andere ebenso zuverlässig ausschließen. Sie ziehen ein Ereignis in Ihr Leben, indem Sie mit dem erwünschten Endzustand in »Ein-Klang« kommen. Sie kommen damit in Ein-Klang, indem Sie ihn als erfüllt erleben. Durch Identifikation mit dem erwünschten Endzustand, nehmen Sie ihn geistig in Besitz. Sie machen sich so nicht nur resonanzfähig, sondern geradezu magnetisch für dieses Ereignis und aus einer Möglichkeit der Zukunft wird so eine Realität der Gegenwart.

Sie rufen damit das Ereignis in Erscheinung und das Leben muss es in der äußeren Realität als Tatsache manifestieren.

Sie können so jedes beliebige Ereignis in Ihrem Leben »geschehen lassen«.

Sie machen sich für Gesundheit resonanzfähig, indem Sie Gesundheit in sich spüren, erleben, geschehen lassen. Im gleichen Augenblick beginnt sich Gesundheit in Ihrem Körper zu manifestieren. Neue Zellen werden nach einem gesunden Bauplan ausgetauscht, Heilungsenergie wird aktiviert und

Es ist besser, eine Lampe anzuzünden,
als sich über die Dunkelheit zu beklagen.

wenn Sie so Heilung ständig geschehen lassen, steht das Ergebnis fest. Sie werden und bleiben gesund. Das gleiche gilt für eine erfüllende Partnerschaft. Das gleiche gilt für den Weg vom Beruf über die Berufung zur Erfüllung.

Damit steht fest, dass Sie ein absolut erfolgreiches, erfüllendes Leben führen können.

Lernen Sie die »Kunst der Revision«

Sie sollten jeden Tag in einer »Tagesrückschau« den vergangenen Tag noch einmal so in der Imagination erleben, wie Sie ihn gerne gelebt hätten. Ändern Sie die Ereignisse in Ihrer Vorstellung und lassen Sie alles gut ausgehen. Dadurch wird der Tag energetisch neu geboren und hat eine entsprechende Wirkung auf Ihre Zukunft. Vergeben Sie, wo Sie verurteilt haben und lassen Sie dann den Tag los und richten Sie Ihre ganze Aufmerksamkeit und Freude auf den revidierten Tag.

Das Ausmaß der Verwandlung, die eine solche REVISION bringt, wird Sie immer wieder überraschen. Die Änderung der Realität findet in der Imagination statt, und wird dann im Außen erlebt.

Auf diese Weise können Sie sogar zukünftige Ereignisse »umerleben«, bevor sie geschehen sind. Stellen Sie sich die Ereignisse einfach in einem idealen Verlauf vor und akzeptieren sie sie freudig und dankbar. Wenn Sie das zukünftige Ereignis so in Ihrer Imagination in der erwünschten Form lebendig werden lassen und gläubig bejahen, wird es, im Voraus entscheidend geprägt. Sie können sich so eine ganz andere Vergangenheit zulegen«, die Ereignisse Ihres vergangenen Lebens, besonders Ihre Kindheit ganz neu prägen und wirksam werden lassen. Sie können so unerwünschte Gewohnheiten ändern, erwünschtes festigen und unerwünschtes auflösen. Sie können so jedes Versagen in einen Erfolg umwandeln, mit den entsprechenden energetischen Folgen. Ihnen ist hier Unglaubliches anvertraut. Sie haben die Vollmacht, die höchste Kraft des Universums, die schöpferische Urkraft, beliebig in Tätigkeit zu setzen und hervorzubringen, was immer Sie wollen, ja sogar Vergangenes beliebig zu korrigieren. Sobald Sie das denken und glauben, MUSS es im gleichen Augenblick beginnen, in Erscheinung zu treten.

Ruhen im Tun

Auch heute leben mehrere Völker, oder Volksgruppen in ständiger Harmonie miteinander, Sie haben nie Kriege geführt und kennen praktisch keine Krankheiten. Ein solches bemerkenswertes Volk sind die HUNZA. Die HUNZA leben in ständiger Harmonie und bleiben auch bei der Arbeit vollkommen entspannt. Je größer die Belastung, desto größer ist ihre Entspannung. Das Ergebnis ist ein ständiges »Gleichgewicht der Kräfte« und damit Harmonie. Es ist ein Leben in ständiger Meditation.

Diese Belastungs-Entspannungsharmonie bewirkt, dass alles Tun in einem Bewusstsein der Ruhe und Stille geschieht. Je mehr ich tue, desto größer die Ruhe, könnte der Leitspruch sein. Natürlich ist in einem solchen Bewusstsein Stress völlig unmöglich. Da so das Bewusstsein ständig in Harmonie, also »heil« ist, überträgt es seine Harmonie, sein Heilsein ständig auf den Körper. Man kann sagen, es »geschieht« ständig Heilung im Körper. Eine Krankheit kann so gar nicht erst aufkommen, braucht also auch nicht geheilt zu werden, weil ja Heilung ständig geschieht. Das lässt sich ohne weiteres auf unsere westliche Lebensweise übertragen.

Dazu sind drei Schritte erforderlich:

1. Ruhen im Tun. Jede Tätigkeit vertieft meine innere Ruhe. Je mehr ich tue, desto ruhiger werde ich.

2. Lernen Heilung geschehen zu lassen.

3. Ständig in dieser Harmonie zu bleiben, sich ausruhen im Tun und ständig so Heilung geschehen lassen.

Der »Innere Meister«

In JEDEM Menschen ist eine Instanz voller tiefster Weisheit, eine Instanz, die die Antwort auf alle Fragen kennt, die Lösung für jedes Problem, jede Aufgabe. Die sich an alles erinnern kann, die Ihre Lebensabsicht kennt, Ihren Weg und die richtigen Schritte, aber auch den richtigen Zeitpunkt.

Dieser »Innere Meister« ist jederzeit bereit, Ihnen jede Frage zu beantworten, jede Lösung zu zeigen – wenn Sie ihn fragen. Denn er mischt sich niemals von selbst in Ihr Leben ein, obwohl es eigentlich SEIN Leben ist, denn er ist Ihr eigentliches Sein. Aber er lässt der Persönlichkeit, als der er »in Erscheinung« tritt fast jede Freiheit. Nur wenn die Handlung der Persönlichkeit gegen seine grundsätzlichen Interessen verstößt, greift er behutsam ein, sodass Sie glauben, es war Ihre Entscheidung.

Wenn Sie bereit sind, wenden Sie sich doch einmal mit einer Frage an diesen Inneren Meister, der Sie sind und erwarten Sie, dass Sie immer sofort Antwort erhalten. Das kann ein Bild sein, ein Gedanke, eine Energie, ein Gefühl, oder eine »Innere Gewissheit. Dieser Innere Meister, der Sie sind, ist 24 Stunden täglich für Sie da. Fragen Sie ihn JETZT und lassen Sie sich zeigen, wie einfach das Leben sein kann.

Machen Sie Ihr Glück nicht von einer Sache abhängig

Schaffen Sie sich viele Chancen in Ihrem Leben, dann ist es nicht weiter wichtig, wenn es in einer Sache nicht gleich beim ersten Mal klappt. Außerdem lernen Sie ja aus der Sache und machen es beim zweiten Anlauf um vieles besser, und Ihre Chancen werden immer besser. Auch die Großmutter wusste schon, dass man nicht alle Eier in ein Nest legen soll und Sie würden heute ja auch nicht Ihr ganzes Geld in Aktien einer einzigen Firma anlegen.

Machen Sie gleich einmal eine Liste von erstrebenswerten Zielen in Ihrem Leben. Finden Sie möglichst viel, was sich lohnt anzustreben, was Ihr Leben bereichern könnte und fangen Sie gleich damit an es zu verwirklichen. Schon haben Sie mehrere Eisen im Feuer und kommen mal hier, mal da, Ihrem Ziel ein Stück näher. Mitunter kann es auch vorkommen, dass Sie erreichen, was Sie wollten und enttäuscht feststellen müssen, dass es doch nicht die erhoffte Erfüllung gebracht hat. Schlimm, wenn das Ihre einzige Chance war. So wenden Sie sich einfach einer anderen Chance zu und schaffen Sie sich immer neue Chancen und geben damit dem Leben viele Möglichkeiten, Ihnen eine Freude zu machen. Allerdings sollten Sie auch fähig sein, sich zu freuen, denn manche Menschen können sich an nichts mehr freuen. Wie der Mann, der seinen Freund traf, der ein ganz trauriges Gesicht machte. Er fragte ihn: »Was ist denn Dir über die Leber gelaufen?« Der Freund antwortete: »Ja ist doch wahr, vor sechs Wochen habe ich das große Los gewonnen und damit eine Million EURO.« »Aber das ist doch großartig«, meinte der Mann. »Da hast Du doch allen Grund glücklich zu sein.« »Nein, meinte der Freund, höre erst einmal wie es weiterging.« »Vor vier Wochen hatte ich sechs Richtige im Lotto und habe zwei Millionen EURO gewonnen.« »Aber das ist doch grandios!« »Nein, sagte der Freund, das ist furchtbar, denn seitdem ist es wie abgeschnitten.«

Mit der Haltung hat das Leben natürlich keine Chance, Sie glücklich zu machen. Geben Sie ihm eine Chance!

Legen Sie Scheintugenden ab

Hier einige Scheintugenden, die Sie einfach loslassen sollten:

Beispiel Verstehen:

Versuchen Sie nicht mehr, alles zu verstehen, denn damit bleiben Sie im Verstand, aber haben Sie Verständnis für alles und jeden. Das Ganze ist ein Spiel und jeder Schritt ist richtig, also ärgern Sie sich nicht mehr und genießen Sie das Spiel, denn Sie werden diesen Weg kein zweites Mal gehen können.

Beispiel Toleranz:

Toleranz zeigt, dass Sie doch andere zuvor verurteilt haben. Hören Sie auf zu urteilen und Toleranz hat keine Bedeutung

Es ist Vorschrift, dass Autoreifen mindestens
1 Millimeter Profil haben müssen.
Für Menschen gibt es diese Vorschrift leider nicht!

mehr, keine Funktion, weil es keine Situation mehr gibt in der Sie die anwenden könnten. Toleranz ist eine Scheintugend.

Beispiel Kompromiss:
Einen Kompromiss zu machen bedeutet – keiner bekommt was er will und es stimmt für beide nicht. Wenn beide das Richtige tun, stimmt es für ALLE Beteiligten und es braucht keinen Kompromiss mehr. Machen Sie daher nie mehr im Leben Kompromisse, sondern leben Sie »stimmig«.

Bestimmen Sie Ihr Schicksal selbst

Allzu viele Menschen fühlen sich ihrem Schicksal ausgeliefert und erkennen nicht, dass sie ihr Schicksal jederzeit ändern können. Sie haben in JEDEM Augenblick aufs Neue die Wahl, aber die meisten Menschen haben keine Wahl, weil sie nicht wissen, dass sie die Wahl haben.

Das »Gesetz des Schicksals« hat keine Wahl, es MUSS Ihnen das verwirklichen, was SIE zuvor bewusst, oder unbewusst verursacht haben. Aber selbst wenn Sie etwas Negatives verursacht haben, können Sie es in jedem Augenblick wieder ändern. Eine Situation kann also noch so schwierig, oder gar aussichtslos sein, das ist ohne jede Bedeutung, weil Sie JETZT eine andere Ursache setzen können und das Leben MUSS sich entsprechend ändern.

So ist Ihr Schicksal ein geduldiger Freund und Helfer, ein Lehrer, der Ihnen zeigt, was Sie »angerichtet« haben, aber Sie müssen es nicht auslöffeln. Das Schicksal fragt Sie ständig: Willst Du das wirklich erleben, oder möchtest Du es noch ändern?

So gibt es weder Glück, noch Pech und natürlich auch keinen Zufall, sondern nur Ursache und Wirkung. Sie können Ihr Schicksal zwar nicht vermeiden, aber bestimmen, was es Ihnen bringen soll. Schaffen Sie sich ein Schicksal, auf das Sie sich jeden Tag freuen.

Den Seinen gibt's der Herr im Schlaf

Wenn Sie glauben, die Dinge seien schwierig, was erschaffen Sie damit? Dass die Dinge tatsächlich schwierig sind!
Je mehr Sie glauben, dass Sie für Ihr Geld schwer arbeiten müssen, desto schwerer werden Sie dafür arbeiten müssen.
Sobald Sie aber glauben, dass es auch anders, leichter ginge, verändert sich die Wirklichkeit und ES GEHT LEICHTER.
Worum es wirklich geht, ist Ihre geistige Einstellung!
Wenn Sie glauben können, dass Sie auch genauso gut erstklassig leben können, wenn Sie also nach dem »Prinzip des Allerbesten« leben, beginnt Ihr Leben erster Klasse in DIESEM Augenblick!
Suchen Sie sich einen ruhigen Platz, machen Sie es sich bequem und tun Sie so, als wollten Sie ein Schläfchen machen.
Beginnen Sie nun, sich eine vorher genau festgelegte Handlung einer erwünschten Zukunft möglichst exakt und in allen Einzelheiten vorzustellen. Fühlen Sie, wie es sich anfühlt, am Ziel zu sein, es erreicht zu haben und spüren Sie Freude und Dankbarkeit.
Beim Einschlafen versetzen Sie sich in die so erlebte Situation hinein und lassen es »geschehen«. Das heißt, durch die Imagination wird aus einer Möglichkeit der Zukunft, erlebte Reali-

tät der Gegenwart, aus einem Wunsch wird Wirklichkeit. Die
Vorstellung verdichtet sich zur Realität. Nicht umsonst heißt
es in der Bibel: »Den Seinen gibt's der Herr im Schlaf«.

Vom Opfer zum bewussten Schöpfer

Wir sind in einer beneidenswerten Situation – wir sind Schöpfer
und können unser Leben und unser Schicksal frei bestimmen. Die
meisten Menschen aber leben wie Opfer und haben keine Wahl,
weil sie nicht wissen, dass sie die Wahl gehabt hätten. Bewusst,
oder meist unbewusst schaffen wir alle Lebensumstände, ziehen
Ereignisse, Begegnungen und »Zufälle« in unser Leben und haben
in JEDEM Augenblick, neue Ursachen zu setzen um in ein neues
Leben einzutreten. Das Leben hat keine Möglichkeit, etwas anderes erfolgen zu lassen, als die von Ihnen gesetzten Ursachen, Ihre
Gesundheit ebenso, wie Ihren Erfolg, wie Ihre berufliche Karriere
oder Ihre geistige Entwicklung. Die Fülle des Universums ist Ihr
geistiges Erbe, das Sie jederzeit antreten können.
Sie können sich erschaffen, was immer Sie wollen, einfach indem Sie von Ihrem »Zauberstab Gedankenkraft« Gebrauch machen. Sie werden damit Ergebnisse erzielen, die alles übertreffen,
was Sie sich erträumt haben, oder was Sie durch Anstrengung
erreichen könnten. Wenn Sie die Fülle in Ihrem Leben verwirklichen wollen, sollten Sie zunächst einmal Ihr Bewusstsein von
den scheinbaren Schwierigkeiten abziehen und gerichtet halten,
auf die unbegrenzten Möglichkeiten, die das Leben bietet. Sie
haben die Macht, in JEDEM Augenblick wieder einzutreten in
die Vollmacht und weisen Gebrauch zu machen, von der Chance, sich das Leben zu schaffen, das Sie sich wünschen.

Jeder möchte die Welt verbessern,
und jeder könnte es auch, wenn er nur bei
sich selber anfangen würde.

Drei einfache Schritte, die unser ganzes Leben verändern

Der erste Schritt:
Er besteht darin, zu definieren, was mir am meisten Freude macht. Welche Tätigkeit, Menschen, Umstände, Situationen, oder Orte mich glücklich machen, wobei es mir am leichtesten fällt, das Leben wirklich zu genießen.

Der zweite Schritt:
Hier geht es darum, die kleinen oder großen täglichen Entscheidungen auf der Grundlage des ersten Schrittes zu treffen. Mich nicht von Schuldgefühlen, oder Vorstellungen anderer davon abhalten zu lassen. Auch nicht von meiner Vorstellung von Tugend und Moral, nicht einmal von meinen bisherigen Idealen, sondern einfach anzufangen, mich für mich selbst zu entscheiden.

Der dritte Schritt:
Dieser Schritt besteht darin, die Hauptrolle in MEINEM Leben zu spielen. Nur noch das zu tun, was für mich »stimmt«. Ganz der zu sein, der ich wirklich bin und zu leben, so wie ich von der Schöpfung »gemeint« bin. Im Ein-Klang zu leben mit mir, dem Leben und der Schöpfung.
Das Leben zu »zelebrieren« und zu genießen und zu leben in einer ständigen inneren Freude, dazu gehört auch die Fähigkeit, aus einem ganz normalen Alltag etwas ganz Besonderes zu machen. Den Augenblick wirklich voll auszuschöpfen und zu erfüllen und viele so erfüllte Augenblicke aneinander zu Reihen zu einem erfüllten Leben. So zu leben, dass ich am Ende sagen kann: »Ich habe wirklich gelebt.«

Frei von Schulden

Wenn Sie Schulden haben, sollten Sie diese so schnell wie möglich zurückzahlen, denn das schlimme an Schulden ist, dass sie Sie zuverlässig abhalten, vermögend zu werden. Niemand gerät unverschuldet in Schulden. Wenn das Geld heute nicht reicht, um sich Ihre Wünsche zu erfüllen, wie glauben Sie, wollen Sie in Zukunft Ihre Wünsche erfüllen und Ihre Schulden zurückzahlen, und zusätzlich noch Zinsen zahlen? Wer Schulden macht, verbraucht seine Zukunft. Die gefährlichste Überzeugung dabei ist: »Darauf kommt es nun auch nicht mehr an«, denn so geraten Sie immer tiefer in die Schuldenfalle. Ab sofort kommt es auf jeden EURO an. Wenn Sie Ihre Kreditkarte ab sofort nicht mehr benutzen und monatlich den Mindestbetrag zurückzahlen, werden Ihre Kreditschulden garantiert getilgt – automatisch. Es gibt nur eine Regel, um aus den Schulden heraus zu kommen: »Weniger ausgeben, als Sie einnehmen.« Schaffen Sie sich eine eiserne Regel: »Was ich nicht bar bezahlen kann, das kann ich mir nicht leisten.« Das hört sich alles so an, als sei das Sparen etwas Unangenehmes. In Wirklichkeit kann sparen Freude machen. Es ist ein großer Unterschied, ob Sie Zinsen bezahlen, oder Zinsen bekommen und sich daran erfreuen, wie Ihr Guthaben wächst und wächst und Sie können schon einmal träumen, was Sie damit alles verwirklichen werden.

Ohne Schwierigkeiten keine Evolution

Manchmal glauben wir, ein Leben OHNE Schwierigkeiten wäre viel schöner, sehnen uns danach und versuchen ein solches Leben zu verwirklichen.

Wir vergessen dabei, dass Schwierigkeiten der Motor der Evolution sind, ohne Schwierigkeiten keine ENTWICKLUNG.

Das erinnert mich an die Geschichte von dem Vogel, der beim Fliegen den Widerstand der Luft spürte und deswegen nicht schneller fliegen konnte.

Er stellte sich vor, wenn es keine Luft gäbe und damit keinen Widerstand, dann könnte er ganz leicht und schnell fliegen. das ist logisch, brillant, überzeugend UND FALSCH! Denn er wusste nicht, dass er ohne Luft überhaupt nicht fliegen kann.

Ihre individuelle Evolution braucht die ständige Herausforderung von Schwierigkeiten, die es zu überwinden gilt, um dadurch besser, schneller und größer zu werden. Schaffen Sie sich daher eine ganz neue Einstellung zu PROBLEMEN, sie sind für Ihre Entwicklung unverzichtbar und wirklich FÜR Sie da, sonst würden sie ja auch KONTRABLEME heißen. Seien Sie dankbar für jede Schwierigkeit, denn ohne sie ginge es nicht weiter. Lernen Sie jedes Problem frohen Herzens zu genießen und natürlich zu lösen.

Schaffen Sie sich ein positives Selbstbild

Ihr Selbstbild ist deswegen so wichtig, weil es den größten Teil Ihres Lebens bestimmt, wenn Sie nicht gerade bewusst Ursachen setzen. Entscheidend ist, wie SIE über sich denken und reden. Nur wenn Sie sich selbst schätzen, werden Sie auch andere schätzen. Wenn Sie erkennen, dass Sie einmalig und einzigartig sind, dann wird der Kontakt mit Ihnen für JEDEN ein Gewinn und eine Freude und Ihnen fallen die günstigsten Zufälle und Gelegenheiten einfach in den Schoß und es öffnen sich Türen, die für andere für immer verschlossen bleiben. Oft ist aber unser Selbstbild von anderen geprägt. Erst indem Sie sich ein Selbstbild schaffen, schaffen Sie die Voraussetzung dafür, wirklich IHR Leben zu leben.

Ein solches Selbstbild ist auch die wesentliche Voraussetzung dafür, sympathisch zu sein, Charisma zu haben, eine Ausstrahlung, die jeden verzaubert und zu leben als Gewinner. Eine lebende Ursache für Erfolg, der dann auch zuverlässig erfolgt. Wobei Erfolg sehr viel mehr ist, als Geld, Besitz und Anerkennung, sondern vor allem Erfüllung. Erst dadurch wird Ihr ganzes Leben zu einem Erfolg. Die bewusste Wahl Ihres Selbstbildes kann der entscheidende Schritt zu diesem Leben sein.

Nehmen Sie sich selbst, so wie Sie sind

Es ist natürlich schwer, glücklich zu sein, wenn man sich selbst nicht mag, wenn man sich in sich selbst nicht wohl fühlt. Also ist wohl die erste Voraussetzung zum Glücklichsein, JA zu sagen zu sich selbst und zwar bedingungslos. Nicht mehr zu sagen: »Ich wäre ja mit mir einverstanden, wenn ich ...!« Stellen Sie sich vor, dass Sie genau so sein müssten, um genau die Erfahrungen machen zu können, wegen der Sie gekommen sind. Identifizieren Sie sich nicht mehr mit Ihrem Aussehen, mit Ihrem Kontostand oder Ihrer Position, sondern mit Ihrem wahren SEIN. Mit dem, der Sie wirklich sind. Nicht mit dem, wie Ihr Körper aussieht, oder was Sie tun, welche Position Sie bekleiden. Dann bricht auch nicht mehr die Welt zusammen, wenn Sie einmal einen Fehler machen, denn es ist keiner da, der KEINE Fehler macht. Fehler zeigen nur, dass da etwas fehlt und jeder Fehler ist in Wirklichkeit eine Chance, das Fehlende zu erkennen und es zu ändern. Unglückliche Menschen machen einen Fehler noch größer, indem sie das als Ausdruck ihrer Minderwertigkeit sehen. Glückliche Menschen sehen einen Fehler als Möglichkeit, es von nun an besser zu machen und wenn ein Fehler so zu einer Chance wird, dann war es gar kein Fehler, denn ohne ihn hätten Sie ja diese Chance gar nicht erkannt. Mit dieser Haltung gibt es keine Fehler mehr, sondern nur noch Ursachen für immer neue Chancen, immer noch glücklicher zu leben.

Die »Sprache Ihrer Probleme«

Fast alle Menschen möchten Probleme gern aus ihrem Leben ganz verbannen, ohne zu wissen, dass sie die Macht dazu haben. Denn Armut, Krankheit, Erfolglosigkeit, Partnerschwierigkeiten und andere Probleme sind die Folge einer geistigen Fehlhaltung und nur eine Aufforderung des Lebens, diese Fehlhaltung zu erkennen und zu beseitigen. Das Problem

*Niemals wird Dir ein Wunsch gegeben, ohne
dass Dir auch die Kraft verliehen wurde, ihn zu verwirklichen. Es mag allerdings sein, dass Du Dich
dafür anstrengen musst.*

verschwindet ganz von selbst. In Wirklichkeit ist jedes Problem, jede Schwierigkeit, jede Krise ein Geschenk des Lebens an Sie, auch wenn die meisten Menschen auf dieses Geschenk gern verzichten möchten. Es ist ein liebevoller, wenngleich schmerzhafter Hinweis darauf, dass ich nicht schöpfungsgerecht lebe und eine Aufgabe, die ich zu lösen habe, um richtiger, besser und stimmiger zu leben. Wo immer ein Problem auftaucht da ist auch eine Lösung, die zu etwas Besserem führen will. Sobald die Probleme als Geschenke erkannt sind, macht es richtig Spaß, sie zu lösen. Das Problem ist eigentlich nur die Verpackung, das »Geschenkpapier«.

Um an das Geschenk zu kommen, muss ich die Verpackung »lösen«, dann wird das Geschenk sichtbar und das ist oft eine wichtige Erkenntnis. Jedes Problem ist etwas, das FÜR Sie da ist. Es zeigt Ihnen, wo Sie nicht im Ein-Klang mit sich selbst sind und will Sie zu sich selbst führen. Ein Problem ist immer auch eine Aufgabe und die besteht oft darin, etwas aufzugeben, etwas loszulassen um wieder frei zu sein für das Wesentliche. Und immer zeigt das Problem auch den Weg, denn in JEDEM Problem ist die Lösung bereits enthalten. So sonderbar es klingt, Probleme sind ein direkter Weg zu einem glücklicheren Leben.

Die Realität gestalten

Wir sind in einer beneidenswerten Lage. Wir sind Schöpfer und können die Umstände unseres Lebens frei bestimmen und doch leben die meisten wie Opfer der Umstände, die sie sich selbst geschaffen haben. Wir richten uns nach den »Gegebenheiten«, orientieren uns an Tatsachen und dabei sind das doch nur Sachen, die einmal so getan worden sind und jederzeit anders getan werden können. Es wird höchste Zeit, dass wir uns aus dem »Gefängnis der Gegebenheiten« befreien und die Realität nach unseren Wünschen formen und gestalten. Dabei ist es auch völlig gleichgültig, in welch schwieriger oder gar aussichtsloser Lage Sie sich befinden, da Sie diese ja jederzeit ändern können und Sie sollten am besten gleich damit beginnen. Legen Sie sich ein neues Hobby zu und werden Sie »Lebens-Architekt« denn die meisten Menschen planen ihren Urlaub sorgfältiger, als ihr Leben. Für allzu viele ist Leben etwas, das geschieht, während sie anderweitig beschäftigt sind. Fangen Sie einfach damit an, das Richtige zu tun, das Notwendige nicht zu unterlassen und das Falsche nicht zuzulassen und lernen Sie auf dem königlichen Weg der Erkenntnis und nicht mehr auf dem üblichen leidvollen Weg der Erfahrung. Seinem Schicksal kann man nicht entfliehen, seine Zukunft kann man nicht vermeiden, aber man kann sie frei bestimmen und dafür sorgen, dass Ihr Leben so ist, dass Sie am Ende sagen können: »Ich habe wirklich gelebt.«

Sich selbst ein guter Partner sein

Wir alle sind auf dem Weg zu uns selbst, ob wir das wissen oder nicht. Aber auf diesem Weg zu uns selbst haben wir uns selbst aus den Augen verloren und sollten unser Bewusstsein wieder auf dieses eine Ziel richten.

Ich sollte so leben, dass ich mich in mir selbst wohl fühle und Achtung vor mir selbst habe. Ein Ziel könnte sein, die eigene Größe zu erkennen und zu erforschen und dabei dem grenzenlosen Sein zu begegnen, das ich BIN. Auf diesem Weg sollte ich ALLES loslassen, was mich nicht wirklich glücklich macht und im wahrsten Sinn »leichtsinnig« durchs Leben gehen.

Zur harmonischen Partnerschaft mit sich selbst gehört auch, die »Schönheit des Handelns« zu entdecken, die Ästhetik einer einfachen Begegnung.

Machen Sie sich auf die Suche nach sich Selbst und erkennen Sie dabei, die Suche allein ist schon Belohnung genug. Dazu gehört auch mein Glück nicht mehr von irgendwelchen Umständen abhängig zu machen und gleich HIER und JETZT anfangen glücklich zu sein – IN DIESEM AUGENBLICK!

Meiden Sie Rechthaberei

Menschen, die immer Recht haben wollen, können einem das Leben schon recht schwer machen. Rechthaberei ist aber immer ein Zeichen einer Unsicherheit. Wenn Sie wirklich Recht haben, beweist sich das von selbst, Sie brauchen gar nichts dazu tun. Und sollten Sie einmal nicht Recht haben, was könnten Sie beweisen? Recht haben zu wollen schafft immer Aggressionen und die sollte man im Miteinander möglichst meiden. In Wirklichkeit ist die Beziehung zu anderen doch viel wichtiger, als die Frage, wer Recht hat. Zum glücklich sein gehört auch die Fähigkeit, einmal RECHT gerade sein zu lassen und einfach den Standpunkt anderer akzeptieren, sie müssen ihn ja nicht unbedingt auch teilen. Sie müssen auch keineswegs immer zu einer Meinung kommen, sondern können einfach

Ein offenes Wort ist immer richtig – außer, man hat schon genug Feinde. Alles was Du sagst, sollte wahr sein, aber nicht alles was wahr ist, solltest Du sagen.

damit einverstanden sein, dass jeder seinen Standpunkt und seine Meinung hat und vielleicht von SEINEM Standpunkt her sogar Recht hat, auch wenn Sie einen anderen Standpunkt haben. Indem Sie die Auseinandersetzung beenden, wer da Recht hat und wer Unrecht, ersparen Sie sich viel Ärger und Ihr Leben wird deutlich leichter und angenehmer. Aber auch Sie werden für andere angenehmer, sodass auch andere bereit sind, Ihren Standpunkt zu akzeptieren. Meiden Sie auch »Aussprachen«, denn meist ist die Situation hinterher schlimmer als vorher. Außerdem ist das, um was es geht, ohnehin vorbei und kommt nie mehr wieder, also warum sich groß aufregen. Sorgen Sie einfach dafür, dass es JETZT stimmt, denn Leben findet nur JETZT statt. Sie brauchen auch keineswegs alles zu verstehen, es genügt völlig, wenn Sie für alles Verständnis haben. Leben ist das, was SIE daraus machen.

Sich selbst entdecken

Wir kennen die ganze Welt, aber uns selbst kennen wir nicht. Die größte Entdeckung, die wir in einem Leben machen können, ist uns SELBST zu entdecken. Eine Forschungsreise zu unternehmen in die Grenzenlosigkeit unseres Seins, wieder einzutreten in die vergessene Vollmacht, die Schöpfung mitzugestalten. Nur wenige wissen von den unbegrenzten Möglichkeiten des menschlichen Geistes und den Kräften und Fähigkeiten, die in Ihnen schlummern. Auch wenn wir hohe Erkenntnisse haben, die Höchste ist die Entdeckung der eigenen Größe. Jesus hat einmal gesagt: »Ihr allesamt seit schlafende Götter.« Wäre es da nicht an der Zeit aufzuwachen und zu leben, als der, der wir in Wirklichkeit sind? Wir können uns reich, mächtig, vollkommen oder erleuchtet träumen, es bleibt ein Traum. Wenn wir wirklich etwas bewegen wollen, müssen wir aufwachen. Erst wenn wir »zu Bewusstsein« gekommen sind, können wir die Realität frei bestimmen. Jesus hat auch gesagt: »Ihr werdet Gleiches tun wie ich – und Größeres.«

Das ist unser geistiges Erbe, das darauf wartet, dass wir aufwachen und es antreten. Um diese Fähigkeiten zu aktivieren braucht es keine geheimen Einweihungen, keine entbehrungsreichen Jahre im Himalaya. Sie brauchen nur anzufangen, von Ihren Gaben weisen Gebrauch zu machen und die Chancen nutzen, die Ihnen das Leben so reichlich bietet.

Optimales Selbstmanagement

Das Unternehmen »mich selbst« erfolgreich zu managen ist wohl die faszinierendste Aufgabe im Leben. Um am Ende sagen zu können: »Ich habe wirklich gelebt«, muss ich JETZT das Notwendige tun. Das Wichtigste ist eine harmonische Partnerschaft mit mir selbst und mir selbst mein bester Freund sein.

Dazu gehört auch, mein Selbstbild zu optimieren. Wie gut es uns geht und wie viel wir im Leben erreichen, das wird durch Ihr Selbstbild bestimmt. Sie aber bestimmen Ihr Selbstbild, könnten es zumindest jederzeit tun. Wenn wir uns selbst nicht mögen, lassen wir das an uns aus. Wir sabotieren zuverlässig das eigene Glück, nur weil wir uns nicht wert fühlen, es zu erleben. Oft ist dieses Bild, das ich von mir habe, von anderen geprägt und entspricht mir gar nicht, dann aber kann auch mein Leben mir nicht entsprechen. Ich brauche mich also gar nicht zu wundern, wenn ich mit meinem Leben nicht zufrieden bin. Also sollte ich anfangen, mein Leben wirklich selbst zu führen. Dazu gehört ein klares Ziel, denn die meisten Menschen wissen nur, was sie nicht wollen. Viele Menschen nennen das Ergebnis ihrer falschen Lebensplanung: Schicksal, und die einzelnen Fehler, die sie machen: Erfahrungen. Bestimmen Sie Ihr Leben ganz bewusst selbst, damit Sie sich auf Ihre Zukunft freuen können. Fangen Sie an WIRKLICH zu leben.

Das Glück einer erfüllenden Sexualität

Anfangs denken auch bei der Sexualität die meisten Menschen daran, was SIE glücklich macht und viele bleiben ein Leben lang in dieser Haltung. Irgendwann aber entdecken die meisten Menschen, wie glücklich es machen kann, den Anderen glücklich zu machen und sie versuchen herauszufinden, was das sein mag, anstatt den einfachsten Weg zu wählen, darüber mit dem Anderen zu sprechen. Miteinander herauszufinden, wie jeder die Sexualität am schönsten erlebt. Dieses Miteinander herauszufinden kann ein wunderbares Abenteuer sein und dabei werden Sie verblüffende Dinge entdecken. So ist weitgehend unbekannt, dass die größte erogene Zone das Gehirn ist. Also sagen Sie Ihrem Partner was Ihnen beim Sex besonders gefällt, was ihnen gut tut und hören Sie gut zu, wenn er darüber spricht und entdecken Sie so immer neue Möglichkeiten der Erfüllung in der Sexualität.

Das größte Glück aber ist, dass am höchsten Punkt der Freude für einen Augenblick das Ego sich völlig auflöst und Sie die Chance haben wirklich Eins zu werden, wenn auch nur für einen besonderen Augenblick. Das soll uns daran erinnern, welche Glückseligkeit auf uns wartet, wenn wir unser Ego ganz abgelegt haben und wieder vollkommen Eins geworden sind.

Die Sexualität ist nur eine Erinnerung an unser eigentliches, wahres SEIN. Das höchste Glück wartet noch auf Sie.

Erkennen Sie den Sinn des Lebens

Viele Menschen sind auf der Suche nach dem Sinn des Lebens und ganz besonders natürlich dem Sinn des eigenen Lebens. Das Leben hat aber nur einen einzigen Sinn, nämlich wirklich zu leben, denn das Leben ist die Sehnsucht des Lebens nach sich selbst. Also suchen Sie nicht länger nach dem Sinn, geben Sie ihm einen. Auf was möchten Sie eines Tages zurückblicken, wenn Sie alt sind und Ihr Leben überschauen. JETZT haben Sie die Gelegenheit, genau das zu tun. Aber jeder ist auch mit einer bestimmten Absicht gekommen und Sie können nur glücklich werden in dem Maße, wie Sie diese Absicht erkennen und verwirklichen. Also machen Sie sich einmal Ihre individuelle Vision bewusst und erfüllen Sie sich selbst. Kommen Sie so bei sich selbst an und leben Sie angekommen. Wirklich ankommen heißt zu erkennen, dass Sie nie weg waren, denn in Wirklichkeit waren Sie natürlich immer Sie selbst und werden es immer sein. Aber Sie haben die Wahl, an sich vorbei zu leben, sich zu verfehlen, oder sich zu erfüllen und glücklich zu werden. Dieses Abenteuer des Eigentlichen, beginnt damit, dass Sie sich etwas Zeit nehmen, in sich hineinhorchen und Ihre Vision erkennen. Sich bewusst machen, weshalb Sie gekommen sind und was SIE vom Leben erwarten. Das Leben ist bereit, jede Erwartung zu erfüllen, es wartet nur auf Ihre Anweisungen.

Mein Selbstbild

Machen Sie Sich einmal bewusst, wer Sie wirklich sind. Erkennen, alles was ich glaube zu sein, bin ich nicht.
Es ist die Persönlichkeit, die durch die Umwelt geschaffen wurde. Es ist die Summe der Meinungen, Vorurteile und Ansichten, Erwartungen und Wünsche anderer, deren Projektion. Es war meine Entscheidung, das anzunehmen. Damit habe ich eigentlich nichts zu tun, das bin ich nicht. Ich habe meine Erkenntnis über mich NUR über das Außen erfahren.
So entsteht bei JEDEM ein geringes Selbstwertgefühl. Manche kompensieren, übersteigern das, aber es ist da. Es entsteht, weil mein Gefühl nicht mit der Wirklichkeit übereinstimmt. Hier liegt auch die Ursache für die meisten Krankheiten. Je größer die Differenz zur Wirklichkeit, desto größer ist die dadurch entstehende Disharmonie.
Um so stärker ist auch meine Aggression, gegen mich, gegen meinen Körper, mein Schicksal, meine Lebensumstände, denn es ist eigentlich gar nicht MEIN Leben, das ich da lebe. Ich muss eigentlich gar nicht wissen, wer ich bin, aber ich sollte kein falsches Bild von mir haben. Ich muss also zunächst diese falsche Identität beenden. Mich einfach nur in jedem

Augenblick wahrnehmen, dann erkenne ich allmählich, wer ich WIRKLICH bin. Dann kann MEIN Leben spontan aus dem Augenblick entstehen. Dann beginnt erst das wahre Leben.

Machen Sie sich keine Sorgen

Wenn man jung ist, macht man sich zwar weniger Sorgen, einfach weil man noch nicht weiß, was alles passieren kann, aber auch diese Zeit hat ihre Sorgen. Wie die Mathearbeit ausfallen mag, oder wie Sie es anstellen könnten, jemanden kennen zu lernen, der Ihnen am Herzen liegt, das kann schon einige Sorgen machen. Mit zunehmendem Alter haben wir mehr Erfahrung, was alles passieren kann und machen uns daher besonders viele Sorgen.

So sind Kinder ein ständiger Anlass für Sorgen, wenn sie z.B. verspätet heimkommen, dann machen wir uns Sorgen, was da wohl passiert sein könnte, anstatt einfach nur festzustellen, dass sie sich verspätet haben.

Wie die Weisheit der Sprache schon sagt, »machen« wir uns Sorgen, sie sind nicht wirklich existent, sondern wir erschaffen sie erst. Das ist schon schlimm genug, aber noch schlimmer ist, dass wir gerade damit verursachen, dass das, was wir befürchten, auch noch mit größerer Wahrscheinlichkeit passiert, denn Angst zieht das an, was Sie befürchten. Niemand möchte, dass seinen Lieben etwas zustößt, aber wir sollten Ihnen auch zugestehen, dass sie ihr eigenes Leben führen. Wir haben ihnen das Leben geschenkt und nun sollten wir es sie auch leben lassen, so wie sie es wollen. Sie können Ihre Sorgen einfach ersatzlos streichen und bewusst erleben, was kommt. Meine Mutter hat das vorbildlich gelöst. Obwohl sie sich immer Sorgen gemacht hat, hat sie schon als ich sechzehn war zu mir gesagt: »Du bis jetzt alt genug, Dein eigenes Leben zu führen, also pass selber auf dich auf.« Und das habe ich von da an auch getan. Eltern, die sich Sorgen machen, sind deutlich unglücklicher, als Eltern, die ihren Kindern den Freiraum geben, ihr eigenes Leben zu führen. Und auch für ihr eigenes Leben sollten Sie sich keine Sorgen machen, sondern lieber dafür sorgen, dass das kommt, worauf Sie sich freuen können.

Spaß muss sein

Eigentlich ist das ganze Leben als eine einzige Freude gedacht und für Kinder ist das auch noch ganz selbstverständlich, aber irgendwann, verlernen wir, uns zu freuen.

Um Freude zu empfinden, brauchen wir einen besonderen Anlass. Das Wetter muss besonders schön sein, oder der Partner besonders lieb, oder man hat einen Lottotreffer.

Freude braucht keinen Anlass, das Leben ist Anlass genug. Wenn Sie sich auch nur einen Augenblick nicht freuen, machen Sie etwas falsch, haben Sie diesen einmaligen Augenblick unerfüllt für immer vergehen lassen, denn DIESER Augenblick kommt niemals wieder, ist für alle Zeit vorbei, das Leben ist eine ewige Premiere, ohne Generalprobe.

Interessant ist, einmal Kindern am Spielplatz zuzuschauen und zu sehen, wie viel Spaß es den Kindern macht, ohne dass eigentlich irgendetwas Besonderes passiert. Sie sind nur ganz im JETZT, erleben bewusst diesen Augenblick und freuen sich daran.

*Die Weisheit ist die Lieblingsschwester
der Liebe. Je höher sich die Weisheit erhebt,
desto näher kommt sie der Liebe.
Liebe – und du wirst weise werden.
Werde weise – und du wirst lieben.*

Wir bemühen uns oft ernsthaft, unsere Kinder auf das Leben vorzubereiten, dabei leben die schon die ganze Zeit, während wir es verlernt haben und von unseren Kindern wieder lernen könnten. Denn wenn Sie den Kindern beim Spielen zuschauen, verflüchtigt sich der Ernst aus Ihrem Leben und die Leichtigkeit des Seins ist wieder präsent. Nehmen Sie sich daher nicht nur jeden Tag etwas Zeit, für das was Spaß macht, sondern machen Sie aus dem ganzen Leben einen Spaß.
Der Ernst des Lebens ist eine Erfindung der Erwachsenen. Schon Jesus sagte: »Wenn Ihr nicht werdet, wie die Kinder, werdet Ihr das Himmelreich nicht schauen.« Warum lernen wir nicht von unseren Kindern, wie schön das Leben in Wirklichkeit ist.

Das »Spiel des Lebens« bewusst spielen

Das Leben ist gedacht als ein Spiel, das Ihnen zur Freude gespielt wird, aber Sie können es auch zum Kampf machen, oder zur Hölle, einfach indem Sie davon überzeugt sind. Und Sie können jederzeit wieder zurückkehren in die »Leichtigkeit des Seins«, wenn Sie genug gekämpft haben. Sie entscheiden darüber, welche der unendlichen Möglichkeiten des Lebens Sie auf dem »Bildschirm der Realität« in Erscheinung rufen. Das Leben wartet nur auf Ihre Anweisungen.
Und ganz gleich, was Sie wählen, Sie bekommen weder eine Belohnung, noch eine Strafe, Sie tragen nur die Folgen dessen, was Sie gewählt haben. Sie können den »Rucksack der Vergangenheit« ausziehen und leichten Fußes durch dieses Leben gehen, oder es sich schwer machen.

Niemand wird Sie daran hindern und Sie brauchen auch keine Hilfe, fangen Sie doch gleich jetzt an. Treten Sie als neuer Mensch in ein neues Leben, das Sie sich in Ihrer Phantasie ausdenken und wenn es Ihnen entspricht – verwirklichen Sie es in der Realität.

Wenn Sie bisher ein schweres Schicksal hatten, wählen Sie doch JETZT ein neues Schicksal – und freuen Sie sich, es jeden Tag zu erleben.

Das Schicksal ist ein geduldiger Freund und Helfer, ein Lehrer, der Ihnen zeigt, was Sie da »angerichtet« haben.

Aber Sie müssen es nicht auslöffeln, es genügt, dass Sie eine andere Wahl treffen. Sie können Schicksal zwar nicht vermeiden, aber bestimmen, was es Ihnen bringen soll. Treffen Sie Ihre Wahl – Ihr Leben IST diese Wahl.

Wie man sympathisch wird

Sympathische Menschen sind scheinbar auch viel glücklicher. Sie kommen überall an, man beachtet und schätzt sie, wohin sie auch kommen und es öffnen sich für sie Türen, die anderen für immer verschlossen bleiben. Aber sympathisch zu sein ist kein Geschenk, keine Laune der Natur, sondern ein Weg, den Sie jederzeit beschreiten können. Fangen Sie doch gleich damit an, seien Sie einfach sympathisch! Ich meine noch mehr!

Ich verrate Ihnen auch das Geheimnis der Sympathie. Sie werden sympathisch, indem Sie den Anderen sympathisch finden. Entdecken Sie irgendetwas das Ihnen ehrlich gefällt. Sie können es ihm auch sagen, aber das muss gar nicht sein, indem

Sie Ihr Bewusstsein darauf richten, etwas Sympathisches zu finden, werden Sie dem Anderen sympathisch. Machen Sie das doch ab jetzt einfach mit jedem, der das Glück hat, Ihnen zu begegnen.

Und plötzlich begegnen Ihnen nur noch sympathische Menschen. Und sollten Sie wirklich einmal jemanden treffen, an dem nun gar nichts sympathisch ist, der einfach nur widerlich ist, dann bewundern Sie eben seine Konsequenz. Erleben Sie so ab jetzt, wie schön es ist, sympathisch zu sein!

Entwickeln Sie Ihr »Talent zum Glücklichsein«

Die meisten Menschen sind der Überzeugung, dass glückliche und unglückliche Menschen nun mal so geboren werden, tatsächlich aber ist es eher so, dass glückliche Menschen sich so verhalten, dass sie Grund zum Glücklichsein haben, während unglückliche Menschen sich weiterhin so verhalten, dass sie auch weiterhin allen Grund haben, sich unglücklich zu fühlen. Auch glücklichen Menschen gelingt nicht alles und unglückliche Menschen haben nicht ununterbrochen »Pech«, sondern die Realität zeigt, dass glückliche, wie unglückliche Menschen sehr ähnliche Erfahrungen machen.

Was sie unterscheidet ist, wie sie damit umgehen. Unglückliche Menschen richten ihr Bewusstsein und ihre Aufmerksamkeit vorwiegend auf unerfreuliche Ereignisse, während glückliche Menschen sich mehr damit befassen, was sie daraus machen könnten.

Unglückliche Menschen richten ihre Aufmerksamkeit auf die Probleme des Lebens, während die glücklichen Menschen sich mit Lösungen befassen.

Wenn Sie Ihr Talent zum Glücklichsein optimieren wollen, sollten Sie vielleicht einmal prüfen, wie das sich bei Ihnen verhält. Womit befassen Sie sich vorwiegend?

Ganz gleich wie das Ergebnis ist, die ideale Konsequenz wäre, sich ausschließlich mit erfreulichen Ereignissen zu befassen und unerfreuliche Ereignisse nur zum Anlass zu nehmen, es als Chance zu sehen, die Umstände zu verbessern.

Leben im TAO

Wahres Glück ist zu leben als Meister. Das ist ein wahrer Meister, der im TAO lebt, in seiner Mitte ruht und das Leben durch sich »geschehen« lässt. TAO ist der Weg des Menschen zu sich selbst, ist wahre Lebensfreude durch den Ein-Klang mit der Schöpfung. Schon wenn Sie nur ein paar Sekunden die Wirklichkeit wahrnehmen, sind Sie im TAO, aber die meisten Menschen sterben, ohne je gelebt zu haben. Menschen die im TAO leben erkennt man nicht daran, dass sie außergewöhnliche Dinge tun, sondern daran, dass sie ganz gewöhnliche Dinge ganz außergewöhnlich tun. Die Kräfte des TAO wirken leicht und fast unmerklich, sind aber von einer ungeheuren Dynamik. Und so könnten auch SIE handeln aus der »Leichtigkeit des Seins« als seien Sie eine schwebende Feder, die die umgebende Kraft nutzt, um ihren einmaligen Weg zu gehen. Obwohl diese Kraft nichts tut, denn alles geschieht ganz natürlich, bleibt nichts ungetan.

Leben im TAO heißt, erkennen, was Leben wirklich ist um den Weg der Bewusstwerdung zu gehen. Alt zu werden und dabei jung zu bleiben. Die Kunst des Genießens zu entdecken und zu leben in der Leichtigkeit des Seins, im HIER und JETZT als ICH SELBST, als der, der ich wirklich bin und so, wie ich vom Leben »gemeint« bin. Das TAO ist ein Tor durch das Sie eintreten in das, was Leben wirklich heißt und das ist in JEDEM Augenblick möglich, z.b. JETZT!

Das »Geheimnis des Träumens«

Die meisten Menschen träumen ein Leben lang vergeblich von Reichtum und Erfüllung, weil sie das Geheimnis des Träumens nicht kennen. Sie kennen nicht den Unterschied zwischen »wegträumen« und »herträumen«.

Immer, wenn Sie aus einem Bewusstsein des Mangels von der Fülle träumen, dann träumen Sie in Wirklichkeit weg, denn wünschen und wollen trennt Sie zuverlässig vom Gewollten. Herträumen heißt, die gewünschten Dinge, Umstände, Situationen und Begegnungen geistig in der Imagination »in Besitz zu nehmen«, sie bereits als erfüllt zu erleben und so aus einer Möglichkeit der Zukunft eine erlebte Realität der Gegenwart zu machen. Also vom Ziel aus träumen, wie die Lebensmeister sagen. Also entscheiden Sie sich. Wollen Sie weiter um alles im Leben kämpfen, an sich arbeiten und viel Geld verdienen, oder gestatten Sie dem Leben, dass Ihnen das alles einfach zufällt, dann sollten Sie das Geheimnis des Träumens nutzen, um sich beglückende Lebensumstände zu schaffen, die dann auch zuverlässig eintreten und Sie werden nur bedauern, dass

Mit dem Geist ist es wie mit einem
Fallschirm – er nutzt nur, wenn er sich entfaltet!

Sie das Geheimnis des Träumens nicht früher kennen gelernt haben. Aber seien Sie glücklich, dass es Ihnen nicht erst in zwanzig Jahren, oder überhaupt nicht begegnet und treten Sie JETZT als NEUER MENSCH in ein neues Leben.

Tun Sie das, was sie schon immer tun wollten

Wenn Sie mit älteren Menschen sprechen, hören Sie immer wieder, dass die nicht bedauern, was sie möglicherweise falsch gemacht haben, sondern vor allem das, was sie unterlassen haben. Die Fahrradtour in der Bretagne, die Kahnpartie im Spreewald, oder die Fahrt mit dem Hausboot in Holland. Tun Sie das, was Sie schon immer tun wollten und tun Sie es jetzt, in diesen Tagen. Und wenn einmal die Versuchung winkt, folgen Sie ihr, Sie wissen nicht, ob sie noch einmal vorbei kommt, leben Sie so dass Sie später nicht bedauern müssen, etwas unterlassen zu haben. Ich habe so gelebt – sehr zum Kummer meiner Mutter. Ich habe mir das wunderschöne Fahrrad gekauft, als ich es mir noch nicht leisten konnte und habe es in zwei Jahren abgestottert. Auch meine erste Gitarre oder mein erstes Auto habe ich mir zugelegt, als wir eigentlich noch ganz andere Sorgen hatten, aber die waren so viel leichter zu ertragen und letztlich auch zu meistern.
Wenn Sie es sich leisten können, leben SIE ERSTER KLASSE – Ihre Erben tun es bestimmt. Sie brauchen nichts hinterlassen, denn Ihre Kinder sollten die Chance haben, sich ihr eigenes Leben zu schaffen. Schauen Sie gleich einmal, wie Sie IHR Leben JETZT noch ein bisschen bunter und interessanter machen könnten und TUN Sie es. Worauf warten Sie? Die richtige

Gelegenheit dazu kommt vielleicht nie, aber JETZT wäre ein guter Zeitpunkt dafür und wenn Sie irgendwo ein klärendes Wort sprechen sollten, tun Sie es auch gleich. Tun Sie ALLES immer gleich. Der beste Zeitpunkt ist immer dann, wenn es in Ihr Bewusstsein tritt, warten Sie nicht auf irgendeine Voraussetzung, sondern schaffen Sie, sie sich. Das Leben kann so schön sein, wenn wir es nicht immer aufschieben, denn wenn man irgendwann einmal könnte, ist vielleicht die Zeit vorbei, wo man KANN.

JETZT wäre es günstig, genau JETZT!

Jeden Tag »UMERLEBEN«

Sie könnten jeden Tag in einer »Tagesrückschau« noch einmal so erleben, wie Sie ihn gern gelebt hätten. Ändern Sie die Ereignisse in Ihrer Verstellung und lassen Sie dabei alles gut ausgehen, dadurch wird der Tag energetisch neu geboren und hat eine entsprechend veränderte Wirkung auf Ihre Zukunft.

Verzeihen Sie, wo Sie verurteilt haben und richten Sie dabei Ihre ganze Aufmerksamkeit mit Freude auf den revidierten Tag. Das Ausmaß der Verwandlung, das eine solche Revision bringt, wird Sie immer wieder überraschen. Die Änderung der Realität findet in der Imagination statt, und wird dann im Außen erlebt.

Auf diese Weise können Sie sogar zukünftige Ereignisse »umerleben«, BEVOR sie geschehen sind. Stellen Sie sich die Ereignisse einfach in einem idealen Verlauf vor und nehmen Sie, sie dankbar und freudig »in Besitz«. Wenn Sie das zukünftige Ereignis so in Ihrer Imagination in der gewünschten Form lebendig werden lassen und gläubig bejahen, wird es im Voraus entscheidend geprägt. Sie können sich so auch eine andere Vergangenheit zulegen und die Ereignisse Ihres Lebens, besonders die Kindheit ganz neu prägen. Sie können so jedes Versagen in einen Erfolg umwandeln, mit den entsprechenden Folgen. Gewinnen Sie zunächst in Ihrer Phantasie und gewöhnen Sie sich so daran, auch im Außen in JEDEM Fall zu gewinnen. Leben Sie als »Gewinner«. Ihnen ist hier Unglaubliches anvertraut. Machen Sie weisen Gebrauch davon.

Urteile nie

Ein alter Mann lebte in einem Dorf, sehr arm, aber selbst Könige waren neidisch auf Ihn, denn er besaß ein wunderschönes weißes Pferd. Könige boten phantastische Summen für das Pferd, aber er verkaufte es nicht.

An einem Morgen fand er sein Pferd nicht im Stall. Das ganze Dorf versammelte sich und die Leute sagten: »Du dummer alter Mann, wir haben immer gewusst, dass das Pferd eines Tages gestohlen wird, es wäre besser gewesen, es zu verkaufen, welch ein Unglück!« Der alte Mann sagte: »Geht nicht so weit, das zu sagen, alles was ist, ist – dass das Pferd nicht im Stall ist, soviel ist Tatsache, alles andere ist Urteil, ob es ein Unglück ist oder ein Segen weiß Ich nicht, weil ich nicht weiß, was folgen wird.«

Die Leute lachten den Alten aus. Sie hatten schon immer gewusst, dass er ein bisschen verrückt war. Aber nach 15 Tagen kehrte das Pferd zurück. Es war nicht gestohlen worden, sondern in die Wildnis ausgebrochen. Und nicht nur das, es

Gott gebe mir die Gelassenheit,
die Dinge hinzunehmen, die ich nicht ändern kann,
den Mut, die Dinge zu ändern, die ich ändern kann
und die Weisheit, das Eine vom Anderen
zu unterscheiden.

brachte auch noch 12 wilde Pferde mit. Wieder versammelten sich die Leute und sagten: »Alter Mann, Du hast Recht, es hat sich tatsächlich als Segen erwiesen«. Der Alte entgegnete: »Wieder geht Ihr zu weit, alles was ist, ist – dass das Pferd zurück ist, Ihr lest nur ein einziges Wort in einem Satz – wie könnt ihr das ganze Buch beurteilen?«

Der alte Mann hatte einen einzigen Sohn der begann die Wildpferde zu trainieren. Schon eine Woche später fiel er vom Pferd und brach sich die Beine. Wieder versammelten sich die Leute und wieder urteilten sie: »Du hattest Recht, es war ein Unglück, Dein einziger Sohn kann nun die Beine nicht mehr gebrauchen und er war die Stütze Deines Alters, jetzt bist Du ärmer als je zuvor.« Der Alte antwortete: »Ihr seid besessen vom Urteilen, alles was ist, ist – dass sich mein Sohn die Beine gebrochen hat, niemand weiß ob dies ein Unglück ist oder ein Segen, das Leben kommt in Augenblicken und mehr bekommt Ihr nie zu sehen.«

Es ergab sich, dass das Land einen Krieg begann. Alle jungen Männer des Ortes wurden zwangsweise zum Frontdienst eingezogen. Nur der Sohn des alten Mannes blieb zurück, weil er die Beine gebrochen hatte. Der ganze Ort war vom Wehgeschrei erfüllt, weil dieser Krieg nicht zu gewinnen war und man wusste, dass die meisten jungen Männer nicht nach Hause zurückkehren würden. Die Leute kamen zum alten Mann und sagten: »Du hattest Recht, es hat sich als Segen erwiesen.« Der alte Mann antwortete: »Ihr hört nicht auf zu urteilen, alles was ist, ist – dass man eure Söhne in die Armee eingezogen hat und mein Sohn wurde nicht eingezogen, nur das Ganze weiß, ob dies ein Segen oder ein Unglück ist.«

Urteile nie!

Der einzige Mensch, der sich vernünftig verhält,
ist mein Schneider. Er nimmt jedes Mal neu Maß,
wenn ich zu ihm komme.

Lieben Sie Veränderungen

Viele Menschen wollen eine angenehme Lebenssituation am liebsten festhalten und wehren sich gegen jede Veränderung. Ja sogar wenn die Umstände gar nicht so erfreulich sind, z.B. in einer unerfüllten Partnerschaft halten Sie am Bestehenden fest, aus Angst vor Veränderungen.

Dabei könnte es nur besser werden. Schauen Sie einmal, wie das bei Ihnen ist? Machen Sie sich bewusst, dass das Leben ein Fluss ist. Festhalten ist anstrengend und letztlich unmöglich. Machen Sie sich bewusst, wenn etwas wirklich zu Ihnen gehört, dann können Sie es nicht verlieren und wenn etwas nicht, oder nicht mehr zu Ihnen gehört, dann können Sie es ohnehin nicht halten. Und, es kommt immer Besseres nach, einfach das, was stimmt. Also lassen Sie los, woran Sie festhalten und machen Sie sich bereit für Veränderungen – lieben Sie Veränderungen und Sie haben ständigen Grund zur Freude, weil Veränderungen STÄNDIG passieren. Das ganze Leben besteht aus Veränderungen. Auch Sie ändern sich, also muss sich auch Ihr Leben verändern, sonst würde es irgendwann gar nicht mehr zu Ihnen passen. Alles was ist, geht einmal vorüber, das gilt im Guten, wie im Schlechten, wobei es etwas wirklich Schlechtes gar nicht gibt, es ist meist nur das unangenehme Gute, das wir zur Notwendigkeit gemacht haben. Wenn Sie eine optimale Sicht der Dinge haben, dann erkennen Sie, dass in ALLEM etwas Gutes steckt und wenn Ihnen wirklich einmal etwas in Ihrem Leben nicht gefällt, dann denken Sie daran: »Auch das geht vorüber!«

Bewusstes »Verankern« eines erwünschten Verhaltens

Unbewusst »verankern« wir ständig bestimmte Verhaltensweisen, in denen ein bestimmter Reiz zu einem bestimmten Verhalten führt.

Wir können jedoch jederzeit auch bewusst bestimmte Haltungen verankern«, indem wir sie mit einem spezifischen, eindeutigen Reiz verbinden.

Um jedoch etwas bewusst im Bewusstsein zu verankern, muss ich zuvor »bei Bewusstsein« sein. Diese Selbstidentifikation als Bewusstsein muss den Körper einbeziehen. Also: »Ich bin Bewusstsein in diesem Körper. Ich erfülle jede Zelle meines Körpers mit dem Bewusstsein, dass ich bin.« Je vollkommener das Bewusstsein, desto leichter und sicherer das Verankern.

Das Verankern erfolgt auf dem Höhepunkt des erwünschten Zustandes. Wird vorher oder nachher verankert, hat das nicht die gleiche Intensität.

Der auslösende Reiz sollte unverwechselbar sein und kann aus mehreren Teilen bestehen, z.B. durch einen bestimmten Blick UND eine ganz bestimmte Berührung.

Praktisch - Teil 1:
Erinnern Sie sich an eine Situation, in der Sie voller Sicherheit und Selbstvertrauen waren, und das Gefühl hatten, so gelingt Ihnen alles. Nehmen Sie die gleiche körperliche Haltung ein, lassen Sie dieses Gefühl der Sicherheit wieder lebendig werden und kommen Sie so auch wieder in die geistige Haltung der Sicherheit und des Selbstvertrauens. Sprechen Sie auch

mit der entsprechenden Stimme und sagen Sie vielleicht et-
was Bestärkendes, wie: »Genau so!« Oder einfach nur: »JA!«
Vielleicht ballen Sie dabei die Faust und spannen die Muskeln
Ihres Armes an, während Sie das sagen.

Sie werden bald merken, dass Sie diesen Zustand der Sicherheit und des Selbstvertrauens jederzeit hervorrufen können,
indem Sie diese Auslöser betätigen, in die typische Haltung
gehen, die Faust ballen und »JA« sagen.

Ein Anker wird noch wirksamer, wenn man ähnliche Anker
miteinander verbindet. Also etwa den Anker für Sicherheit,
für Erfolg, für Überlegenheit. Und je öfter Sie diese Anker anwenden, desto schneller tritt das Ergebnis ein und wird immer
stärker.

Praktisch - Teil 2:

Wählen Sie ein bestimmtes Gefühl, oder eine Geisteshaltung,
die Sie gerne jederzeit zur Verfügung hätten. Vielleicht die Fähigkeit, sofort richtige Entscheidungen »treffen« zu können.

Versetzen Sie sich in Gedanken in eine Situation Ihres Lebens,
in der Sie schnell die richtige Entscheidung getroffen haben. Lassen Sie diese Situation wieder ganz lebendig werden und erleben
Sie, sie in allen Einzelheiten. Auf dem Höhepunkt des Erlebens
verbinden Sie dieses mit einer bestimmten Geste, vielleicht indem Sie mit dem Zeigefinger und mit dem ganzen Arm schnell
nach vorn zeigen und dabei sagen »genau«. Denken Sie dann an
eine Entscheidung, die Sie zu treffen haben und aktivieren Sie
Ihren Anker und erleben Sie wie diese Klarheit und Entschlusssi-
cherheit sich sofort wieder einstellt. Von nun an sollten Sie fähig
sein, jederzeit schnelle und richtige Entscheidungen zu fällen.

Üben Sie gleich weiter, indem Sie ein anderes Gefühl verankern. Vielleicht vollkommene Entspannung. Lassen Sie wieder eine Situation Ihres Lebens lebendig werden, in der Sie vollkommen entspannt waren und auf dem Höhepunkt dieses Erlebens verbinden Sie es mit einem typischen Signal, vielleicht das langsame schließen einer Hand. Spüren Sie dabei, wie die Erfahrung der Entspannung dadurch noch intensiver wird.

So kann man in einer verfahrenen Situation eine sinnvolle Grundhaltung verankern. So kann man bei einer schweren Krankheit zuerst wieder eine hoffnungsvolle Situation verankern und dann erst mit der Heilung beginnen. Oder bei der Partnerschaftsberatung nicht auf die verletzenden Verhalten eingehen, um herauszufinden, wer Recht hat, sondern beide zurückversetzen in eine Zeit der liebevollen Verbundenheit und die verankern. In der Haltung können Sie die Situation selbst am besten richten.

In einer solchen Situation kann ein angenehmer Anker ein Lied sein, eine Melodie, die erinnert an andere Zeiten. Die meisten Anker werden zufällig eingerichtet. Sie sollen das ganz bewusst und gezielt tun.

Wie man etwas Erwünschtes verwirklicht

Imagination ist die besondere Fähigkeit des menschlichen Geistes, sich etwas vorzustellen, das es bisher nicht gibt und es durch gerichtete Aufmerksamkeit mit Verwirklichungsenergie zu erfüllen, sodass es beginnt, Realität zu werden. Je länger Sie es sich vorstellen, desto mehr wird es mit Verwirklichungsenergie erfüllt, bis es letztlich als Realität in Erscheinung tritt. Durch die Bewegung unseres Geistes erschaffen wir Verwirklichungsenergie und durch die schöpferische Imagination richten wir sie auf den erwünschten Endzustand und rufen so in Erscheinung, was immer wir haben wollen. Allerdings sollten Sie verantwortungsvollen Gebrauch von der schöpferischen Imagination machen, denn Sie können so auch Dinge oder Umstände erschaffen, die störend oder gar zerstörend sind. Schöpferische Imagination ist die Transformation einer Vorstellung in die Realität und lässt so Zukunft in der Imagination zur Gegenwart werden und eine Möglichkeit zur Gewissheit. Realität entsteht immer in Ihrem Bewusstsein und tritt außen in Erscheinung. Imagination kann ermöglichen, was Handeln allein nicht vermag, aber die Kombination von beiden. Schöpferische Imagination vom Ergebnis her – UND das entsprechende Handeln ist unschlagbar.

Machen Sie Gebrauch von ihrem »Zauberstab Schöpferische Imagination«. Es ist Ihr Schlüssel zum Glück.

Auch das geht vorüber

Manchmal geschehen Dinge, die uns ziemlich zu schaffen machen. Wir wissen nicht, wie wir das ertragen sollen und sehen keinen Weg, es zu ändern. In einem solchen Fall ist es sehr hilfreich, sich bewusst zu machen, dass nichts von Dauer ist. Ganz gleich, ob Sie etwas unternehmen, oder nicht – »auch das geht vorüber«. Wenn wir das Ende absehen können, sind die Dinge viel leichter zu ertragen. Natürlich entscheidet Ihre Einstellung, ob etwas schwierig ist, oder nicht, denn Dinge oder Umstände können nicht schwierig sein, sie sind einfach. Erst unsere Meinung macht sie zu dem, was sie uns bedeuten und die kann man ändern.

Ich bin tief davon überzeugt, dass es ein Glück ist, zu leben und alles was passiert – mag es nun angenehm, oder unangenehm sein, ist ein zusätzliches Geschenk, ein Teil des Lebens, der sicher irgendwo sein Gutes hat, auch wenn ich es im Augenblick nicht erkennen kann. Mit dieser Einstellung ist das Leben wirklich richtig schön, gleich, was geschieht.

Mitunter aber sind die Dinge wirklich optimal und wir wünschen uns, das möge nie vorüber gehen. Auch hier ist es hilfreich sich bewusst zu machen – »AUCH DAS GEHT VORÜBER«. Dann wird jeder Augenblick zu etwas ganz Kostbarem und das Schöne wird viel bewusster erlebt. Und wenn es vorüber ist, dann sind Sie nicht traurig, dass es vorbei ist, sondern glücklich, dass Sie es erlebt haben. So hat alles zwei Seiten und entscheidend ist, auf welche der beiden Seiten Sie Ihre Aufmerksamkeit richten. Ich kann Ihnen nur raten, genießen Sie, was das Leben Ihnen schenkt, ganz gleich, was es auch sein mag.

Machen Sie sich keine Vorwürfe

Es ist eine weit verbreitete Untugend, sofort einen Schuldigen zu suchen, wenn etwas schief gelaufen ist und natürlich ist das immer ein anderer.

Fangen Sie das gar nicht erst an. Schließlich ist es völlig ohne Bedeutung, durch wen etwas passiert ist, wichtiger ist, dass es durch SIE wieder in Ordnung kommen könnte, wenn Sie das als Chance erkennen, die Dinge wieder in Ordnung zu bringen. Selbst wenn der Fehler bei Ihnen liegt, zeigt er nur, dass da etwas fehlt und indem Sie das Fehlende hinzufügen, ist der Fehler beseitigt, er hat seine Schuldigkeit getan.

Aber wenn ein Fehler zu etwas Positivem führt, war es vielleicht gar kein Fehler, sondern ein »NOT-wendiger« Hinweis des Lebens. Vielleicht gibt es überhaupt keine Fehler, sondern nur liebevolle Hinweise des Lebens auf eine notwendige Änderung. Mit dieser Sichtweise verschwinden plötzlich alle Fehler aus Ihrem Leben und werden zu Chancen. Obwohl sich nichts geändert hat, ist dadurch alles anders.

Sie sehen, Sie haben nicht den geringsten Grund, sich Vorwürfe zu machen, denn wer sagt denn, dass es wirklich besser gewesen wäre, wenn Sie es anders gemacht hätten. Ich bin fest davon überzeugt: »Alles ist gut, so wie es ist.« Und weil ich das glaube – IST es auch so und wenn SIE das auch glauben, gilt das auch für ihr Leben. Vielleicht haben Sie in Wirklichkeit ungeheueres Glück gehabt und es hätte viel schlimmer kommen können, aber ein gütiges Schicksal hat Sie davor bewahrt und Ihnen nur eine kleine Unannehmlichkeit geschickt. Was auch kommt, seien Sie dankbar – Sie haben wieder einmal Glück gehabt.

Was wäre wenn

Viele Menschen machen sich das Lebens schwer, indem sie sich ständig vorstellen, was gewesen wäre, wenn sie sich anders entschieden hätten.

Das ist für immer vorbei und niemand kann es mehr ändern. Außerdem hätte es ja auch alles viel schlimmer machen können. Lassen Sie die Vergangenheit vergangen sein und denken Sie lieber öfter darüber nach, was Sie JETZT besser machen könnten, denn Ihre Chance etwas zu ändern, liegt nur im JETZT, und jetzt ist alles möglich. In JEDEM Augenblick stehen Sie wieder vor der Freiheit der Wahl und grenzenlosen Möglichkeiten.

Sie können in der Vergangenheit noch so viele Fehler gemacht haben, Sie haben in jedem Augenblick die Möglichkeit daraus zu lernen und es JETZT optimal zu schaffen und sich Ihren Wunschtraum zu verwirklichen. Wenn Sie sich damals anders entschieden hätten, wäre Ihr Leben ganz anders verlaufen, aber wer sagt, dass es besser gewesen wäre. Sollten Sie wirklich Fehler gemacht haben, dann waren die vielleicht notwendig, um der zu werden, der Sie jetzt sind und um jetzt auf Grund dieser Erfahrungen die richtigen Entscheidungen zu treffen.

Sie können in diesem Augenblick anfangen, Ihre »Wunschbiographie« zu verwirklichen und in Ihrem »Buch des Lebens« ein ganz neues Kapitel beginnen. Ist das nicht allein schon Grund genug, um glücklich zu sein – in jedem Augenblick die Chance zu haben, alles zu ändern? Statt zu denken: »Was wäre wenn ...«

Erfinden Sie Ihr Leben jeden Augenblick neu und lassen Sie das geschehen, was Sie gern erleben möchten. Schaffen Sie sich ein glückliches und erfülltes Leben. Das Leben wartet auf Ihre Anweisungen.

Das Leben ist ein Spiel

Machen Sie sich bewusst, dass das Leben in Wirklichkeit ein Spiel ist, das Ihnen zur Freude gespielt wird. Wenn Sie sich auch nur einen Augenblick nicht freuen, haben Sie diesen einmaligen Augenblick nicht wirklich erfüllt. Ein erfülltes Leben aber besteht aus einer unendlichen Reihe erfüllter Augenblicke. Versuchen Sie nicht ein Leben lang glücklich zu sein, es genügt völlig, wenn Sie in diesem Augenblick glücklich sind. Ein Leben lang glücklich zu sein, mag schwierig erscheinen, aber diesen Augenblick wirklich glücklich zu sein, das liegt in Ihrer Hand. Dazu braucht es auch keinen besonderen Anlass. Glück ist unabhängig von den Lebensumständen und ist in JEDER Situation möglich, indem Sie lernen, das was geschieht, einfach zu genießen. Das Glück besteht darin, zu leben, alles was geschieht, ist ein zusätzliches Geschenk. Fangen Sie gleich jetzt an »leicht-sinnig« zu leben. Zelebrieren und genießen Sie diesen einmaligen Augenblick.

Sie haben immer die Wahl

Weder Ihr Karma, noch die Umstände, der Zufall, oder die anderen bestimmen Ihr Leben, sondern SIE haben in JEDEM Augenblick die Wahl, was Ihr Leben Ihnen bringen soll. Aber die meisten Menschen haben keine Wahl, weil sie nicht wissen, dass sie hätten wählen können. Wer aber nicht wählt, hat auch gewählt, mit allen Folgen. Also seien Sie sich in JEDEM Augenblick bewusst, dass das Leben auf Ihre Anweisungen wartet und SIE wählen können. Und das sollten Sie auch tun, denn sonst ist es ja gar nicht IHR Leben, das Sie da leben. Überlassen Sie Ihr Leben nicht dem Zufall – dazu ist es zu wichtig. Und es kann so schön sein, wenn Sie eine gute Wahl treffen. Dem Leben ist es völlig gleich, was Sie wählen und ob Sie überhaupt wählen. Machen Sie sich keine Vorwürfe, dass Sie vielleicht nicht immer gut gewählt haben, sondern seien

Der Mensch hat gelernt, alles zu beherrschen
– Elektrizität, Maschinen, Computer.
Das Größte wie das Kleinste, nur das Wichtigste
nicht – SICH SELBST!

Sie sich bewusst, dass Sie ja alles in jedem Augenblick ändern können und fangen Sie gleich damit an.

Da die meisten Menschen besser negativ denken können, ist es auch möglich, damit anzufangen, sich vorzustellen, was im eigenen Leben nicht optimal gelaufen ist. Aber bleiben Sie nicht dabei, sonst verstärken Sie es nur, sondern machen Sie sich bewusst, wie Sie es gerne hätten. Wandeln Sie das Unerwünschte um, in das, was sein soll, wie SIE es gern hätten, gleich JETZT.

Es ist ein so befreiendes Gefühl, zu wissen, ganz gleich wie die Dinge stehen, ich kann sie JETZT ändern – in diesem Augenblick und das sollten Sie dann auch tun. Vielleicht sollten Sie Ihre Phantasie wieder etwas trainieren, wieder einmal träumen, denn allzu oft fällt uns gar nichts mehr ein. Wählen Sie immer wieder und wenn Sie sich verwählt haben, wählen Sie einfach neu, das Leben wartet nur darauf, dass Sie endlich ganz klar sagen, was sein soll.

Machen Sie sich Ihre persönliche »Werte-Hierarchie« bewusst

Machen Sie sich einmal die Werte bewusst, die bewusst, oder unbewusst Ihr Leben bestimmen. Unterteilen Sie, sie nach der Wichtigkeit für Sie in vier Rubriken und notieren Sie daneben, wieweit Sie diesen Wert bereits verwirklicht haben. Ist er noch ein Wunsch und gar nicht verwirklicht, bekommt er 0 Punkte, ist er bereits voll verwirklicht, geben Sie ihm 10 Punkte. Sie sehen so mit einem Blick, was für Ihr Leben wirklich wichtig ist und welche Aufgaben es noch zu lösen gibt.

Hier einige Beispiele für Ihre Werte:

Anerkennung, Liebe, Erfolg, Gesundheit, geistige Entwicklung, Intelligenz, Geld, Besitz, Macht, Beförderung, Freude, Kinder, mehr Einkommen, Sport, Humor, Haus, Glück, Sieg, Freiheit, Gewinn, Gelassenheit, Ehrlichkeit, Heiterkeit, Ordnung, Vision, Toleranz, Loslassen, Verständnis, Mitgefühl, Verantwortung, Sorgfalt, Zuverlässigkeit, Lernen, Leistung, Fortschritt, Aktivität, Vergnügen, Überlegenheit, Sicherheit, Beharrlichkeit.

Ergänzen Sie, was IHNEN noch wichtig ist:

Befassen Sie sich mit Wesentlichem

Damit Sie keine Zeit mit Unwesentlichem vergeuden, machen Sie sich bewusst, was Ihnen im Leben wesentlich ist. Warum haben Sie noch nicht, was Sie wirklich wollen? Was müsste geschehen, was ist zu tun, damit Sie es bekommen oder erreichen? Stellen Sie sich vor, Sie sind alt und sitzen in Ihrem Lieblingssessel und denken zurück. Auf WAS möchten Sie dann am liebsten zurückblicken und was ist jetzt dafür zu tun? Was ist für Sie Erfolg? Welche Art Erfolg möchten Sie am liebsten haben? Finden Sie etwas, das Sie gern tun und tun Sie es so gut Sie können, handeln Sie professionell und mit Souveränität. Seien Sie einmalig, zumindest etwas ganz Besonderes. Seien Sie, wenn möglich, der Beste auf Ihrem Gebiet.

Lernen Sie zu lieben und finden Sie jemanden, den Sie von Herzen lieben können, werden Sie selbst ein idealer Partner, besser noch, werden Sie ein Liebender. Achten Sie so früh wie möglich auf Ihre Gesundheit. Schaffen Sie sich einen individuellen Gesundheitsplan und verwirklichen Sie ihn konsequent. Werden Sie ein Lebenskünstler.

Machen Sie Lebensqualität zu Ihrem höchsten Maßstab. Lernen Sie das Leben zu »zelebrieren« und die »Kunst des Genießens«. Gestatten Sie JEDEM so zu sein, wie er nun einmal ist, aber gestatten Sie sich auch, so zu sein, wie Sie sind. Leben Sie ein erfülltes Leben, sodass Sie am Ende sagen können: »Ich habe wirklich gelebt.«

Seien Sie ein Segen, für JEDEN, der das Glück hat Ihnen zu begegnen und beginnen Sie in DIESEM AUGENBLICK.

Man sollte die Dinge so nehmen, wie sie kommen,
aber dafür sorgen, dass sie so kommen, wie man sie
nehmen möchte.

Machen Sie sich bewusst, was Ihnen wirklich wichtig ist

Im Laufe der Jahre habe ich unzählige Menschen in meiner Naturheilpraxis gefragt: »Wenn Sie noch einmal von vorn beginnen könnten, was würden Sie anders machen?« Ich habe bis heute noch KEINEN gefunden, der mir gesagt hat – »nichts!«. Viele, all zu viele meinten sogar: »Ich würde alles anders machen.« Da stellt sich doch die Frage, warum leben wir nicht ein Leben, mit dem wir wirklich zufrieden sind und das wir genau so leben möchten? Warum lassen sich Menschen zu Zielen drängen, die sie gar nicht erreichen möchten.

Wie der einzige Sohn eines Maschinenbauunternehmers, der gern Arzt geworden wäre, aber die Tradition verlangte, dass er als Erbe einmal das Unternehmen übernehmen und kompetent führen könne. Also studierte er Maschinenbau und Betriebswirtschaft übernahm das Unternehmen und führte es zu internationaler Größe, aber seine Gesundheit machte ihm zunehmend zu schaffen und so kam er zu mir in die Praxis.

Es zeigte sich sehr schnell, dass er an sich Selbst und am Sinn SEINES Lebens erfolgreich vorbei lebte und in dieser Disharmonie KANN der Körper gar nicht gesund bleiben. Er erzählte mir von dem Wunschtraum seiner Jugend, Arzt zu werden und dass es ja nun leider ganz anders »gekommen« sei. Nun sei er 65 und habe gar nicht SEIN Leben gelebt. Ich riet ihm, seinen Wunschtraum noch zu verwirklichen und zu studieren. Erst konnte er nicht glauben, dass ich es ernst meinte, aber er folgte meinem Rat. Jahre später habe ich ihn getroffen, er hatte gerade promoviert und ich fragte ihn, ob er sich jetzt als Arzt niederlassen wolle. Nein, meinte er, ich habe mich schon wieder eingeschrieben, jetzt studiere ich Philosophie. Prüfen Sie einmal, ob SIE wirklich IHR Leben leben und wenn nicht, ist der erste Schritt zur Verwirklichung, sich seinen Wunschtraum bewusst zu machen, aber dann nicht zu zögern, ihn gleich in die Tat umzusetzen, ganz gleich, wie alt sie sind. Tun Sie das, was IHNEN wichtig ist und sorgen Sie so dafür, dass Sie wirklich IHR Leben – leben.

Vom »Werken« zum »Wirken«

Irgendwann muss ich mich auch entscheiden, will ich werken, oder »wirken«. WERKEN heißt, etwas zu tun, mit einer bestimmten Absicht, ein Ziel, ein Ergebnis, ein bestimmtes Werk. WIRKEN heißt, handeln aus dem Sein, im Ein-Klang mit der Schöpfung zu tun, was zu tun ist. Ohne auf das Ergebnis zu achten und ohne auf einen Lohn zu warten. Einfach handeln, um sich selbst und den Augenblick zu erfüllen. Wer wirkt, ist angeschlossen an die EINE Kraft. Wirken ist vollkommen mühelos, denn wirken heißt, die EINE Kraft durch sich geschehen lassen. Nicht »ICH« wirke, sondern »ES« wirkt durch mich, das Unendliche manifestiert sich durch mich im Außen. Wer werkt, will etwas schaffen, ein Ergebnis erzielen, Beifall und Anerkennung finden und einen Lohn bekommen. Wirken erfüllt sich in sich selbst, ist sich selbst Lohn genug, das Wirken ist der Lohn des Wirkens. Wirken kann nur der, der Wirkung IST, weil er, er Selbst ist, das SEIN, die EINE Kraft, das Ganze. Wirken kann ich an jedem Platz, ganz gleich, wo ich stehe. Es ist nicht die Frage WAS ich tue, oder WIE ich es tue, sondern als WER ich es tue. Wirken heißt, eins zu sein mit der Wirklichkeit, aber auch, Liebe durch sich geschehen zu lassen und so sollten auch SIE vom WERKENDEN zum WIRKENDEN werden und eintreten in Ihr WAHRES SEIN.

Der Segen des Segnens

Eine fast vergessene Fähigkeit des Menschen ist das Segnen. Ein Segen, der in die Welt gesandt wird, ist die reinste und feinste Form von Energie und bewegt die stärkste Kraft des Universums, die Liebe. Diese unendliche Kraft der Liebe ist ständig da und wartet nur darauf, von einem Schöpfer in Tätigkeit gesetzt zu werden.

Das Gesetz des Segnens lautet:
Was immer ich ehrlichen Herzens segne, IST im gleichen Augenblick gesegnet. Die Macht des Segens beginnt sofort segensreich zu wirken.

Was immer ich ehrlichen Herzens segne, muss mir zum Segen werden. Segne ich einen »Feind«, gewinne ich einen Freund. Die Form des Segens ist unbedeutend. Ich kann den Segen sprechen, kann ihn denken, oder fühlen. Was zählt ist nur die »Ehrlichkeit des Herzens«. Ich kann den Segen auch einfach »geschehen lassen« oder ihn mir als Licht vorstellen.

Alles was ist, kann ich segnen. So könnte ich von nun an JEDEN Menschen segnen, der mir begegnet und so jedem zum Segen werden.

Ich kann meinen Körper segnen, mein Haus, meinen Beruf, meine Familie, mein Auto, oder mein letztes Geld. Ich kann meine Zukunft segnen und alles, was mein Leben ausmacht und ALLES wird mir zum Segen werden.

Entwickeln Sie Wohlstandsbewusstsein

In unserem Bewusstsein kann immer nur ein Gedanke gleichzeitig sein, das ist eine Begrenzung, aber auch eine wunderbare Chance, wenn Sie dafür sorgen, dass es der richtige Gedanke ist. Machen Sie sich mit einem entwickelten Wohlstandsbewusstsein resonanzfähig, ja geradezu »magnetisch« für Ihren Wohlstand und erleben Sie, wie er dadurch zuverlässig in Erscheinung tritt. Machen Sie sich bewusst, dass nur das in Ihrem Leben wirksam ist, was Sie DENKEN und GLAUBEN. Wissen allein bewirkt noch gar nichts. Ihr Leben entspricht nicht dem Umfang Ihres Wissens, sondern dem Inhalt Ihres Denkens und Glaubens. Wohlstandsbewusstsein zu entwickeln beginnt damit, dass Sie ganz bewusst Ihr Mangelbewusstsein loslassen, dazu gehört, dass Sie Ihre Überzeugungen einmal gründlich überprüfen, vor allem die transparenten Glaubenssätze, die zwar wirken, aber unsichtbar sind, weil Sie sich schon längst daran gewöhnt haben, um sie noch zu bemerken, die aber trotzdem Ihr Leben mitbestimmen, weil sie zu Gewohnheiten werden.

Schaffen Sie sich Glaubenssätze wie:
- Es gibt immer eine Lösung.
- Alles will mir nur dienen und helfen.
- Ich erkenne und nutze die Chancen, die das Leben mir laufend bietet.
- Ich bin von meinem wahren Wesen her ein Gewinner.

Mit solchen Glaubenssätzen lösen Sie ein Mangelbewusstsein schnell auf und schaffen sich ein zuverlässig wirkendes Wohlstandsbewusstsein.

Lassen Sie sich nicht dadurch abhalten zu glauben, dass es so einfach ist – es ist so einfach, aber es wirkt nur, wenn man es auch tut!

Machen Sie sich bewusst, was Sie wirklich wollen

Es ist für mich immer wieder erstaunlich, dass die meisten Menschen nur wissen, was sie NICHT wollen, aber nicht wissen, was Sie wirklich wollen. Testen Sie sich doch gleich einmal. Stellen Sie sich vor, da steht plötzlich eine Wunschfee vor Ihnen und sagt: »Weil Du so ein goldiges Kerlchen bist, hast Du drei Wünsche frei und zehn Sekunden Zeit, danach sind die Wünsche verfallen.« Wüssten Sie sofort, was Sie wollen, oder würden Ihre Wünsche, wie bei den meisten Menschen, verfallen?

Der erste Schritt, vom Leben zu bekommen, was Sie wollen, ist zu klären WAS Sie wollen. Bestellungen, was Sie nicht wollen, können nämlich vom Leben nicht angenommen werden. Wenn Sie am Bahnschalter sagen: »Ich möchte NICHT nach Frankfurt«, dann werden Sie gar nichts bekommen und wenn Sie bei einem Versandhaus anrufen und sagen: »Ich hätte gern KEIN blaues Kleid« – wird Ihnen auch nichts geschickt. Bestellungen MÜSSEN immer positiv formuliert sein, sonst können sie nicht ausgeführt werden. Auch Glück ist keine konkrete Bestellung, denn was für den Einen Glück ist, z. B. das Matterhorn zu besteigen, ist für den Anderen eine Plage.

Beginnen Sie gleich jetzt, sich darüber klar zu werden, was Sie wirklich wollen und sich das bildhaft vorzustellen und

Willst Du glücklich sein im Leben, trage bei,
zu anderer Glück, denn die Freude, die wir geben,
kehrt ins eigene Herz zurück.

sich in der Erfüllung, am Ziel zu erleben und schon haben Sie die Hindernisse aus dem Weg geräumt und alles ist möglich. Der wichtigste Schritt zum Glück könnte sein, seinem Glück nicht länger im Weg zu stehen.

Seien Sie wunschlos glücklich

Die meisten Menschen können sich ein Leben ohne Wünsche gar nicht vorstellen und tatsächlich scheinen Wünsche untrennbar zu unserem Leben zu gehören. Prüfen Sie einmal ob das wirklich stimmt. Ich weiß aus eigener Erfahrung, dass das nicht so ist, denn ich lebe schon lange ohne Wünsche und jeder, der mich kennt weiß, dass ich dabei sehr glücklich bin. Ich weiß also, wovon ich spreche und kann es jedem nur empfehlen. Vor allem deswegen, weil uns Wünsche ein Glück versprechen, das deren Erfüllung nicht einhalten kann. Kaum haben Sie sich einen Wunsch erfüllt, fallen Ihnen zwei neue Wünsche ein, einfach weil die Erfüllung Ihres Wunsches Sie nicht wirklich glücklich gemacht hat.

Die Erfüllung eines Wunsches kann NIE glücklich machen, weil Glück nicht von irgendwelchen Umständen abhängt, mögen die noch so angenehm sein. Wir merken nur nicht, dass die Erfüllung unserer Wünsche nicht zum Glück führt, weil es uns so gut wie nie gelingt, uns alle Wünsche zu erfüllen und so jagen wir immer der Erfüllung des nächsten Wunsches nach, in der Hoffnung, dass das endlich das ersehnte Glück bringt.

Ein Wunsch suggeriert uns unbewusst, dass die Situation so nicht richtig ist, dass wir im Mangel leben. Indem ich JA sage zum Leben, so wie es gerade ist, verschwindet der eingebildete Mangel und ich kann wunschlos glücklich sein. Und da ich nun nicht mehr der Erfüllung eines Wunsches nachjagen muss, habe ich plötzlich Zeit, mich auf das JETZT einzulassen. Sobald Sie Ihre Wünsche losgelassen haben, sind Sie am Ziel und können den Weg genießen. Sie müssen nicht mehr irgendwohin, sondern der Weg ist das Ziel und Sie können in allen Bereichen Ihres Lebens, Lebensqualität verwirklichen, was könnte man sich noch mehr wünschen. Seien Sie wunschlos glücklich – ich kann es nur empfehlen.

Optimaler Umgang mit Zeit

Zeit ist nicht nur Geld, Zeit ist Leben. Die meisten Menschen arbeiten zuviel und zu unrationell und machen sich damit das Leben unnötig schwer. Worauf es ankommt, ist mehr zu leisten und weniger zu tun, damit mehr Zeit bleibt, für das Wesentliche in Ihrem Leben.

Achten Sie auch darauf, dass Ihnen niemand die Zeit stiehlt. Wir passen auf, dass uns niemand Geld stiehlt, dabei können wir Geld leicht ersetzen, während gestohlene oder vergeudete Zeit ein für allemal verloren ist. Aber Zeit hat nicht nur eine bestimmte Dauer, sondern auch eine bestimmte Qualität. Bei der Zeiteinteilung sollten Sie daher auch darauf achten, dass Sie Spitzenleistungen auch in Spitzenzeiten vollbringen und nicht mit Routineangelegenheiten vertun.

Zur richtigen Zeiteinteilung gehört auch die Fähigkeit NEIN zu sagen. Überlastung ist der größte Feind der Effektivität. Lernen Sie NEIN zu sagen auch dort, wo man Sie in ein bestimmtes Verhalten drängen will. Fragen Sie sich bei allem

Tun, ob Sie das wirklich Ihrem Ziel näher bringt, oder nicht. Sehr oft werden Sie dann feststellen, dass Sie einen großen Teil Ihrer Zeit für Tätigkeiten einsetzen, die Sie eher von ihrem Ziel entfernen. Lernen Sie daher NEIN zu sagen, denn NEIN zu sagen, wo es nicht stimmt, bedeutet in Wirklichkeit JA zu sagen zu sich selbst.

Haben Sie den Ehrgeiz, alles möglichst perfekt zu machen, aber auch die Vernunft, zu wissen, dass das nicht immer möglich ist. Es genügt, wenn Sie in jeder Situation Ihr Bestes geben. Mit weniger sollten Sie nicht mehr zufrieden sein und mehr ist ohnehin nicht möglich. Das WICHTIGSTE aber ist, genießen Sie Ihre Zeit und fangen Sie gleich damit an, indem Sie DIESEN AUGENBLICK genießen.

Zeitlosigkeit

In den frühen Morgenstunden geschieht es am leichtesten, wenn noch kein Geräusch hereindringt und die Hektik des Tages noch nicht erwacht ist, sind Sie plötzlich in der Zeitlosigkeit. Es geschieht, indem Sie sich ganz in Ihre Tätigkeit versenken, ohne jeden Gedanken an irgendetwas anderes, nicht einmal an das Ergebnis, oder den Erfolg dessen, was Sie da tun. Es ist ein »Ruhen im Tun«, ein Sein in der Zeitlosigkeit. In der Ewigkeit des Augenblicks das TUN genießen, ganz gleich, was es auch sein mag.

Erst diese Zeitlosigkeit ermöglicht den wahren Genuss, an einer Tasse Kaffee, den Wolken am Himmel, an der Musik, dem Essen, einem Sonnenuntergang, oder der Ruhe der Nacht. Wahrer Genuss ist nicht abhängig von den Umständen, sondern von der Zeit, die ich mir dafür nehme.

Nimm Dir Zeit, um glücklich zu sein.
Glück kann man nicht kaufen, Liebe gibt es umsonst.
Die schönsten Dinge im Leben sind kostenlos.

Sie finden in diese Zeitlosigkeit, indem Sie eins nach dem anderen loslassen und dann lassen Sie auch das Loslassen los. Ein Weg dahin wäre z.b., dass Sie einen Gegenstand in Ihrem Zimmer, auf den gerade Ihr Blick fällt in die Hand nehmen, verbinden das mit einem vollkommenen Atemzug und stellen ihn wieder zurück, anmutig und meisterhaft, das gleiche können Sie mit einer Bewegung machen und so wird Ihr Leben zu einer endlosen Kette von ästhetisch erfüllten Augenblicken. Und wenn Sie wollen, beginnt dieses faszinierende neue Leben in diesem Augenblick!

Das Leben »zelebrieren«

Glück haben ist eine Kunst, die man lernen kann! Hören Sie so oft wie möglich wirklich gute Musik und üben Sie Muße zu haben, Zeit in der Sie nichts anderes tun, als zu sein – Lebenskünstler zu sein. Stellen Sie sich einmal einen Tagesablauf eines Lebenskünstlers vor. Wie sieht der aus? Was muss jetzt geschehen, damit ich am Ende sagen kann: Ich habe wirklich gelebt?

Lernen Sie »die Kunst des Zelebrierens«. Das bedeutet: Allem Tun durch die eigene Aufmerksamkeit einen ganz besonderen Wert zu geben. Zelebrieren heißt zu leben, wie in einer ständigen Teezeremonie. Zelebrieren Sie einfach nur den Augenblick und fühlen Sie, dass Sie wirklich leben. Zwingen Sie sich zu nichts mehr, außer dazu sich zu nichts zu zwingen. Schenken Sie sich regelmäßig Zeiten, in denen Sie nichts planen. Seien Sie »absichtslos« und finden Sie heraus, womit diese Zeit erfüllt sein möchte, welche innere Qualität sie hat und wie Sie diese am besten zum Ausdruck bringen können, nehmen Sie sich Zeit für das Ungewohnte, Überraschende und machen Sie aus allem etwas ganz BESONDERES. Seien Sie offen, für die besondere Begegnung und es wird geschehen. Gestalten Sie auch den Platz, an dem Sie täglich viele Stunden arbeiten persönlich. Schaffen Sie um sich eine lebensfrohe Atmosphäre und bringen Sie auch in Ihren Berufsalltag Originalität. Machen Sie Freundlichkeit und Aufgeschlossenheit zu Ihrer inneren Haltung. Erwarten Sie nicht, dass andere das auch machen, sondern seien Sie freundlich, weil Sie sich dann in sich wohler fühlen, zelebrieren Sie Ihren kultivierten Lebensstil.

Sie haben gerade herausgefunden, was es heißt, ein Lebenskünstler zu sein – nämlich jemand, der fortgeschritten ist, in der »Kunst zu leben«, denn Leben ist wirklich eine Kunst. Die meisten existieren und funktionieren bloß – fangen SIE an zu Leben.

Zielklarheit schaffen

Schaffen Sie Zielklarheit in Ihrem Leben, denn die meisten Menschen wissen zwar, was sie NICHT wollen, aber sie wissen nicht wirklich, was sie wollen. Wenn Sie wirklich zielgerecht denken, fühlen, reden und handeln, fällt Ihnen der Erfolg in den Schoß. Bevor ich ein Ziel erreichen kann, muss ich ein Ziel haben. Wenn Sie Ihr Ziel klar definiert haben, prüfen Sie, ob der Weg den Sie gehen, auch zu dem Ziel führt, das Sie erreichen wollen. Viele verfolgen hartnäckig ihren Weg, aber nur wenige ihr Ziel. Wer aber weiß, was er will, und sagt, was er will, der kriegt, was er will. Wer ein klares Ziel hat, der hat bereits den halben Weg zurückgelegt. Aus klaren Zielen ergeben sich klare Entscheidungen und die richtigen Prioritäten. So können Sie mit einem Minimum an Aufwand ein Maximum an Ergebnis erzielen.

Sobald Sie genau wissen, was Sie wollen, gibt es auch einen Weg dahin, denn aus dem Ziel ergeben sich die notwendigen Schritte. Wer ein klares Ziel hat, der findet auch im Dunkeln seinen Weg. Also sollten Sie sich einmal fragen: »Wo will ich hin?« Warum will ich dahin? Was verspreche ich mir davon? Was will ich eigentlich? Ist mein Ziel wirklich mein Ziel? Was ist das Ziel hinter dem Ziel? Wenn es nicht wirklich mein Ziel ist, dann ist es auch nicht mein Weg und auch nicht mein Leben.

Am besten formulieren Sie Ihre Ziele schriftlich, sodass Sie, sie immer wieder einmal überprüfen können, ob sie so noch stimmen. So können Sie dafür sorgen, dass der Weg den Sie gehen wirklich zu dem Ziel führt, das Sie erreichen wollen.

Der Weg ist das Ziel

Machen Sie sich bewusst, dass es nicht darauf ankommt, möglichst schnell ein Ziel zu erreichen, sondern das Ziel ist es, den Weg zu genießen. Das Ziel ist nur das Ende des Weges und der Anfang eines neuen Weges zu einem anderen Ziel. Denn was tun Sie, wenn Sie ein Ziel erreicht haben? Sie machen sich wieder auf den Weg zu einem neuen Ziel. Das Ziel ist es also, auf dem Weg zu sein und diesen Weg wirklich zu genießen, dann sind Sie in JEDEM Augenblick am Ziel. Denn das eigentliche Ziel ist es, jeden Augenblick zu erfüllen und diesen kostbaren Augenblick JETZT wirklich zu genießen.

Wir alle wünschen uns Freunde. Aber sind wir selbst Freunde? Um einen Freund zu gewinnen, muss man selbst einer sein.

Denn Leben findet nur JETZT statt. Sie können weder »vorher« leben, noch »nachher«, sondern nur JETZT. Ganz gleich, wie Ihre Vergangenheit war, oder Ihre Zukunft sein wird, Sie leben nur JETZT. Auch Vollkommenheit ist nur jetzt möglich und wenn Sie ganz Sie selbst sind, dann sind Sie vollkommen, in diesem Augenblick. Vollkommenheit ist also nicht ein fernes Ideal, sondern die Chance eines JEDEN Augenblicks und das einzig wichtige Ziel, bin ich SELBST. Sobald ich bei mir angekommen bin, BIN ich am Ziel und das ist das einzige Ziel, an dem ich STÄNDIG sein kann.

Aus diesem ANGEKOMMEN sein bei mir SELBST ergibt sich erst mein Weg. Ich muss also erst bewusst am Ziel sein, um mich wirklich auf MEINEN Weg machen zu können und bin dabei doch ständig am Ziel und lebe bewusst als »ANGEKOMMENER«. Ich muss mich nicht mehr anstrengen, »VORWÄRTS« zu kommen, denn ich bin am Ziel, kann mich zurücklehnen und das Leben wirklich genießen.

Bringen Sie Leben in Ihr Zusammenleben

Haben Sie genug Zeit für einander? Sprechen Sie öfter über das, was sie wirklich bewegt? Nehmen Sie sich oft Zeit für ein liebevolles und zärtliches Miteinander? Unternehmen Sie häufig etwas, das Ihnen beiden Freude bereitet? Unternehmen Sie doch wieder einmal das, was Sie taten, als Sie sich kennen lernten. Reservieren Sie ein Wochenende, um nach Paris zu fahren, nach Amsterdam, Rom, oder Teneriffa. Versetzen Sie sich dabei in die Situation, sie wären einander gerade zum ersten Mal begegnet. Lernen Sie einander wieder zu verehren und ganz spontan Freude aneinander und miteinander zu haben. Machen Sie sich bewusst, wie schön es ist, dass Sie sich haben. Vergeuden Sie keine Zeit und setzen Sie sich noch heute zusammen und überlegen Sie, wie Sie mehr Freude in Ihre Beziehung bringen können. Verwirklichen Sie Ihren Traum gemeinsam. Machen Sie sich bewusst, was Sie an Ihrem Partner am meisten schätzen. Was war das Besondere, als sie sich zum ersten Mal trafen? Sagen Sie Ihrem Partner gleich jetzt, dass Sie ihn lieben. Denn alle Menschen brauchen es, stolz auf sich sein zu können und die meisten Menschen haben ein lädiertes Selbstwertgefühl, dem regelmäßige Streicheleinheiten sehr gut tun. Deshalb ist die gegenseitige Bewunderung so wichtig. Wenn Sie Ihren Partner nicht mehr bewundern, ist das Ende der Liebe nicht mehr weit. Fangen Sie einfach miteinander ein neues Leben an, ein Leben, von dem Sie schon immer geträumt haben. Lassen Sie diesen Traum jetzt Wirklichkeit werden, und beginnen Sie damit, selbst ein idealer Partner zu sein.

»Zu Bewusstsein« kommen

Irgendwann kommt im Leben eines jeden Menschen ein einmaliger Augenblick – er wird sich seiner selbst bewusst. Von einem Augenblick zum anderen weiß er plötzlich, wer er ist, wer er wirklich ist. Das Selbstbewusstsein erwacht.
Und dieser eine Augenblick ändert das ganze Leben. Nichts ist danach noch so, wie es eben noch war. Es ist wie der Schritt von der Kindheit zum Erwachsen werden. Die »Unschuld der Ahnungslosigkeit« hatte auch ihre Vorteile, aber sie ist vorbei

und nichts kann sie wieder zurückbringen. Aber nun wartet ein ganz neues Abenteuer, das Abenteuer des eigentlichen Lebens, und das kann man nur bewusst erleben.

Vielleicht war dieser einmalige Augenblick bei Ihnen schon, vielleicht geschieht er heute, aber auf jeden Fall haben Sie heute die Chance, bewusst in die Faszination des eigentlichen Lebens einzutreten. Bewusst die volle Verantwortung zu übernehmen für ALLES, was geschieht und bewusst die richtigen Ursachen zu setzen, damit das Richtige endlich geschehen kann.

Bewusst – SEIN ist nicht etwas, das man zehn Minuten täglich oder zwei Stunden täglich, oder sechs Stunden täglich praktiziert. Auch nicht etwas, das man an einem bestimmten Tag tut. Bewusstes SEIN ist ein Zustand des Bewusstseins, ein Weg zu leben, der STÄNDIG gegangen werden sollte. Dieser Weg ist nicht nur natürlich, er ist letztlich der EINZIGE.

Auch im Zeitalter der Raumfahrt ist die Reise zu sich SELBST das größte menschliche Abenteuer geblieben.

Das Wunder der Existenz

Alles was ist, ist eine »in Erscheinung getretene Wirkung« und hat eine Ursache, ist nicht wirklich existent und vergeht wieder. Auch die Ursache der Wirkung hat eine Ursache. Nur die Ursache der Ursachen, die eine Kraft ist wirklich existent, das ICH BIN, kann nie vergehen. Das ICH BIN, ist wirklich existent – ist ewig.

Alles, von dem wir denken, dass es uns ausmacht, unser ureigenstes ICH, trennt uns in Wirklichkeit von uns SELBST.

Besitz ist Illusion. Ich kann mich auf die Erde setzen, dann »besitze« ich sie, aber sie gehört mir dadurch nicht, denn die Erde gehört nur sich.

Wir alle SIND, denn die eine Kraft hat sich uns mitgeteilt, hat sich mit uns geteilt, hat uns Existenz gegeben. Ich bin wirklich existent, denn ICH BIN – ist existent!

Es ist unbegreiflich, aber ich bin wirklich existent, denn ich bin ein Teil der einen Ursache allen Seins. Wir brauchen die Wahrheit nicht irgendwo zu suchen und wir werden sie auch nicht irgendwo finden, denn sie ist ewig gegenwärtig als unser Selbst, das in Wirklichkeit das EINE unteilbare SELBST ist. Dieses Selbst ist auch die Quelle unendlicher, erfüllender Glückseligkeit.

Jesus hat uns das Geheimnis des richtigen Wollens gezeigt, aber keiner hat es verstanden. Er hat gesagt: »Dein Wille geschehe.« Er hat nicht gesagt: »Ich tue Deinen Willen.« SEIN braucht nicht wollen und nicht tun, SEIN geschieht – das Leben geschieht.

Zeitlos leben

Ein altes Sprichwort lautet: »Als Gott die Zeit schuf, da machte er genug davon.« Wir setzen uns unter Druck, etwas in einer bestimmten Zeit zu schaffen, aber das ist nur unsere Vorstellung und es besteht keine tatsächliche Notwendigkeit dafür. Es wäre daher ein wichtiger erster Schritt, uns aus der Vorstellung zu entlassen, wie viel Zeit ich mir für etwas gebe und zu erleben, wie viel Zeit etwas BRAUCHT! Damit verschwindet der Druck, Stress kann nicht mehr aufkommen und alles geschieht in einer »heiteren Gelassenheit« die jeden Augenblick eine ganz besondere Qualität hervorbringt. Sie entdecken die »Ästhetik des eigenen Handelns« und fangen an, Ihr Tun in einer ganz neuen Weise zu genießen und eine immer intensivere Lebensfreude kommt auf. Der entscheidende Schritt aber ist die Erkenntnis, dass Zeit nur eine Vorstellung ist und dass es so etwas wie Zeit in Wirklichkeit gar nicht gibt. Unser Verstand gaukelt uns das nur vor, weil er die Dinge linear erlebt und dadurch die Illusion von Zeit entsteht. Sobald Sie das durchschaut haben, können Sie eintreten in die Zeitlosigkeit. Alles geschieht JETZT und nur das ist real, was JETZT geschieht. Nichts braucht mehr Zeit und wenn Sie wieder einmal Zeit brauchen, sind Sie vom Weg abgekommen. Treten Sie ein in diesen Augenblick und fangen Sie an zu leben in der Zeitlosigkeit. Ein ganz neues, glücklicheres Leben wartet darauf, dass Sie bereit sind und einfach eintreten. Wenn Sie wollen – beginnt es genau JETZT!

Den Augenblick wirklich erfüllen

Ein erfülltes Leben besteht aus vielen erfüllten Augenblicken. Wenn wir uns dessen bewusst sind, dann brauchen wir uns nur noch auf DIESEN einen Augenblick JETZT zu konzentrieren und die Kunst lernen, aus JEDEM Augenblick etwas ganz Besonderes zu machen. Zu erkennen, dass jeder Augenblick wirklich einmalig ist. Noch nie in der ganzen Schöpfung gab es DIESEN Augenblick und DIESER Augenblick wird auch niemals wiederkommen. Dieser Augenblick findet nur JETZT statt und alles, was er enthalten soll, kann nur jetzt ge-

Halte keinen für glücklich,
der von seinem Glück abhängt.
Im Reichtum ist oft mehr Gefahr
als in der Armut.
Wahrer Reichtum ist das,
was einer ist, nicht was er hat.

schehen. Er ist auch das Einzige, was Sie wirklich vom Leben haben, denn niemand kann »vorher« leben, oder »nachher«. Auch das Leben findet nur in diesem Augenblick statt. Das macht alles sehr viel einfacher, denn einen Augenblick können Sie doch dafür sorgen, dass Ihr Leben wirklich stimmt, einen Augenblick können Sie doch wirklich glücklich sein, einen Augenblick können Sie alles loslassen, was das Glück dieses Augenblicks stört und einfach nur SEIN und diesen Augenblick genießen, diesen einen Augenblick, der alles ist.

Das ganze unendliche Spiel des Lebens findet nur in diesem einen Augenblick – JETZT – statt und alles, was Sie jemals erreichen wollen, Sie können es nur JETZT erreichen. Und wenn Sie glücklich sein wollen, dies ist Ihre einzige Chance – JETZT!

Die Wichtigkeit der letzten Sekunde

Wenig bekannt ist die Wichtigkeit der letzten Sekunde, bevor Sie diesen Körper verlassen. Es ist gewissermaßen die energetische Bilanz eines ganzen Lebens, die Sie auf die nächste Ebene mitnehmen, und die Ihr nächstes Sein entscheidend prägt. Das gleiche geschieht noch einmal in der ersten Sekunde eines neuen Lebens, aber da sind wir meist noch nicht bei Bewusstsein und so prägt uns die Energie der Gestirne und der Umwelt und unser bisheriges Sein. Noch weniger bekannt ist, dass sich diese wunderbare Chance jeden Abend wiederholt. In der letzten Sekunde vor dem einschlafen konzentriert sich die energetische Situation nicht nur des vergangenen Tages, sondern des ganzen bisherigen Lebens und wir nehmen sie mit, in die andere Ebene, in der nur noch »geschieht«. Gesundheit oder Krankheit, Wohlstand oder Armut, Glück oder Unglück, alles entsprechend dieser Energie, nach dem Gesetz der Resonanz. Und es liegt in unserer Hand, genau wie in der ersten Sekunde des neuen Tages, in WELCHER Energie wir da sind. In dieser Sekunde können wir unser ganzes Leben entscheidend verändern, uns ein belastendes oder erfüllendes Schicksal schaffen. Glück oder Unglück, in dieser Sekunde liegt es in IHRER Hand. Jeden Abend und jeden Morgen aufs Neue.

Glücklich durch »NICHT TUN«

Immer wieder überlegen wir, was wir tun könnten, um glücklich zu werden, oder wenn wir es sind, um noch glücklicher zu werden. Dabei gibt es einen einfachen Weg, der zuverlässig zum Glück führt, der aber so nahe liegend ist, dass wir ihn nicht als Weg erkennen. Es ist der Weg des NICHT TUNS. Das ist nicht das gleiche, wie nichts tun. Zu erkennen, dass es nichts Wichtiges zu tun gibt, als einfach nur bewusst zu sein. Besonders in DIESEM Augenblick. Wir versuchen ein Leben lang, die äußeren Umstände entsprechend unserer Vorstellung zu verändern und zu bekommen, was wir wollen, Beziehungen, Freunde, Geld, Besitz, Anerkennung, Macht, Wünsche, Träume. Alles »Dinge« die kommen und gehen. Dinge sind vergänglich. Dinge sind Illusion, das einzige was zählt, ist das ewige SEIN, das sich als SIE erlebt, dem es gleich ist, was geschieht, weil alles ein Teil der Vollkommenheit ist. Nur das »ICH« urteilt, unterscheidet in angenehm und unangenehm und will immer nur angenehm erleben und verhindert damit zuverlässig die Vollkommenheit. Nichts, was Sie je getan haben, oder noch TUN könnten ist für die Welt von irgendeiner Bedeutung. Aber Ihr SEIN ist ein unverzichtbarer Teil dieser Welt und kann das Leben vieler Menschen verzaubern, vor allem Ihr eigenes Leben.

Das Leben als »Entdeckungsreise zu sich SELBST«

Ganz gleich, wonach Sie in diesem Leben suchen, eigentlich sind Sie auf der Suche nach sich SELBST, ob Sie das wissen, oder nicht und das wahre Glück finden Sie erst, indem Sie sich SELBST gefunden haben. Aber da das Selbst so nahe ist, übersehen wir es. Indem wir es erreichen wollen, entfernen wir uns von ihm. Jede Suche entfernt uns von der Wirklichkeit, die wir NIE verloren haben und deshalb so auch nicht finden können. Deshalb könnte das Wichtigste, was es jetzt zu tun gibt sein, sich zurückzulehnen, das Tun einmal zu lassen und sich bewusst zu machen, dass Sie am Ziel sind. Sie sind am Ziel, weil Sie selbst das Ziel sind, das EINZIGE Ziel, das zu erreichen sich lohnt, denn in allen anderen Zielen ist die Enttäuschung verborgen, die Enttäuschung der Erkenntnis, dass alles nur Scheinziele sind, auf dem Weg zu sich SELBST. Aber die Reise des Helden, die Suche nach sich SELBST bleibt keinem erspart und sie kann noch viele Inkarnationen dauern, oder in diesem Augenblick enden, indem Sie innehalten, die Suche loslassen in der Erkenntnis, am Ziel zu sein. Dieser Augenblick – JETZT – kann Ihnen das bringen, was alle Suche nicht vermag, das Glück gefunden zu haben. Genießen Sie es am Ziel zu sein, seien Sie einfach DA!

Wer aus seinem Unglück nichts lernt,
ist es nicht wert, jemals wieder Glück zu haben.

Zur Ein-Sicht kommen

Wenn wir zur Einsicht kommen, erkennen wir die »Wirklichkeit hinter dem Schein«. Wir schauen dabei immer tiefer in die Dinge hinein und erkennen drei Ebenen der Wirklichkeit.

1. Da ist zunächst einmal die äußere Ebene, dass ich einsehe was man mir sagt. Dass ich die Botschaft meines Körpers verstehe und befolge. Dass ich die Sprache der Lebensumstände verstehe und befolge. Dass ich erkenne, dass mein Körper – das Leben nicht trügen kann. Dass ich einsehe, dass die Realität nur mein Bewusstsein widerspiegelt, und dass dieser Spiegel nicht lügen kann. Das Leben spricht ständig zu mir und wartet darauf, dass ich es einsehe. Dazu muss ich verstehen und dann kann ich es befolgen.

2. Die zweite Ebene der Einsicht ist, in die Dinge hinein zu schauen. Einblick gewinnen in die Dinge, den Durchblick haben. Die Wirklichkeit hinter dem Schein erkennen. Letztlich heißt das, dass ich die EINE Wirklichkeit hinter allem Schein erkenne, dass ich die EINE Wirklichkeit in allem sehe und erkenne. Dass ich zu der Einsicht komme, dass alles EINS ist.

3. Die dritte Ebene der Einsicht ist, dass ich alles als der EINE sehe, dass ich zur Sicht des EINEN komme und als der EINE die Dinge anschaue. Das verändert grundlegend meine Identität. Ich erkenne die Wirklichkeit hinter dem Schein, ich bin die EINE Wirklichkeit hinter allem. Schaue als das EINE in die Dinge, hinter die Dinge, auf die Dinge. Ich kann verändernd hinschauen. Das ist die letzte Ebene – zu schauen, als der EINE.

WU-WEI – das Handeln »geschehen lassen«

WU-WEI ist Handeln aus dem SEIN. Während Sie in Ihrer Mitte ruhen, lassen Sie das, was zu tun ist, ohne Verzögerung durch Sie aktiv geschehen. WU-WEI ist ein Zustand hellwacher Gelassenheit, der nichts mit Passivität zu tun hat, sondern so zu handeln, dass die Dinge entsprechend ihrer inneren Wirklichkeit geschehen.

Sobald Sie WU-WEI praktizieren, können Sie aufhören, sich Gedanken zu machen, über Ihre Probleme, sie zu analysieren und auch Lösungen zu suchen. Es genügt, sich die Aufgabe bewusst zu machen und alles weitere können Sie getrost dem Leben überlassen. Wer WU-WEI lebt und in seiner Mitte angekommen ist, kennt keine Ungeduld, denn wo er gerade ist, da ist er am Ziel. Er will auch nichts Besonderes mehr werden, denn er IST – und mehr kann man in einem Leben nicht erreichen. Es ist dann auch ohne Bedeutung, wie er von anderen beurteilt wird, denn er hat den Mut, wirklich SEIN Leben zu leben. WU-WEI ist die Kunst, zu leben aus der Wirklichkeit des wahren Seins und so ist das Leben im WU-WEI eine heitere, gelassene Sache.

Gelebtes WU-WEI verleiht echte Souveränität. Es ist eine Kunst, die es zu erlernen gilt. Der Mensch ist der Künstler und seine Instrumente sind sein Körper, seine Sinne, sein Gemüt und sein Bewusstsein und das Kunstwerk, das er so schafft, ist sein einmaliges Leben. Das ist alles, was Sie darüber wissen müssen, denn die eigentlichen Schritte müssen Sie ohnehin allein gehen. Sie wissen genau, was jetzt zu tun ist und wenn Sie bereit sind, zögern Sie nicht und begnügen Sie sich nicht mehr mit WENIGER als dem HÖCHSTEN, das in Ihnen wartet.

Das »Hemd eines Glücklichen« tragen

Es war einmal ein König, der war schwer krank, sodass ihm seine Ärzte nicht mehr helfen konnten. So rief er den größten Weisen seines Landes und der riet ihm, das Hemd eines Glücklichen zu tragen, um wieder gesund zu werden. Der König schickte seine Reiter ins ganze Land und fragten jeden, ob er wirklich glücklich sei, aber sie fanden keinen wirklich Glücklichen. Endlich fragte der letzte Reiter einen armen Bauern auf dem Feld, ob er glücklich sei und der meinte:
»Wenn Du mich so fragst, muss ich sagen, JA ich bin glücklich.« Da bat der Reiter den Bauer um sein Hemd für den König, aber der arme Mann sagte:
»Ich habe gar kein Hemd!« Mit dieser Botschaft kam der Reiter zurück in den Palast und berichtete dem König von seiner Begegnung mit dem Glücklichen. Da erkannte der König, dass nicht das Hemd eines anderen Glücklichen gemeint war, sondern dass er die Chance hatte jeden Morgen das Hemd eines Glücklichen zu tragen, indem er glücklich war. Er tat es und war gesund.

Soweit das Märchen. Tatsache aber ist, dass auch SIE jeden Morgen die Chance haben, das Hemd eines Glücklichen zu tragen, einfach indem Sie glücklich sind, unabhängig von dem Wechsel der Ereignisse.

Glücklich, dass Sie leben, dass Sie ALLES in JEDEM Augenblick ändern können, glücklich, diesen einmaligen Augenblick wirklich mit Leben zu erfüllen.

Nutzen Sie Ihre Chance, tragen auch Sie das »Hemd eines Glücklichen« am besten jeden Tag.

Glück im Unglück.

*Bei einem in bescheidensten Verhältnissen lebenden
berühmten Gelehrten, wurde eingebrochen.
Man stahl seine Brieftasche, aber der geschäftige,
freundliche alte Herr war weit entfernt davon
niedergeschmettert zu sein. Er setzte sich an seinen
Schreibtisch und trug folgende Bemerkung in sein
Tagebuch ein. Lasst mich danken: Zunächst, weil
ich nie zuvor bestohlen worden bin, weil man zwar
mein Geld, aber nicht mein Leben genommen hat;
weil es nicht viel war, das man mir nahm, wenn es
auch alles war, was ich gegenwärtig besitze und weil
ich der Bestohlene und nicht der Dieb bin.*

Der Weg vom Tun zum SEIN

Die Wirklichkeit ist, Sie SIND bereits vollkommen und damit am Ziel. Wir aber haben das SEIN vergessen und sehnen uns danach, etwas zu werden. Aus dieser unerfüllbaren Sehnsucht entsteht SPANNUNG. Denn alles was wir erreichen möchten, trennt uns in Wirklichkeit von dem, was bereits ist, vom vollkommenen SEIN. Während aller Spannung sind Sie bereits in der Harmonie des SEINS – im TAO. Sie brauchen sich nur vollkommen zu akzeptieren, so, wie Sie gerade sind, denn das ist der vollkommene Ausdruck Ihres Seins und alle Spannung verschwindet, denn SEIN ist vollkommen entspannt. Das brauchen Sie nicht lernen, es ist Ihr natürlicher Zustand und braucht keine Vorbereitung, keinen Weg und keine Schritte – Sie SIND am Ziel, denn SIE sind das Ziel.

Ausdruck der Vollendung ist, zu handeln, als ob man nicht handelt, das Handeln einfach geschehen lassen.

Wenn Sie im JETZT angekommen sind, brauchen Sie keine Erfahrung mehr, denn Erfahrung ist Vergangenheit und nutzlos im JETZT. Worauf es wirklich ankommt, ist das JETZT zu erfahren und zu tun, was jetzt zu tun ist.

Solange Sie sich mit etwas identifizieren, trennen Sie sich von allem anderen. Erst nicht identifiziert sind Sie wirklich offen und keine Erfahrung kann zwischen Sie und das Unbekannte treten. Nur so können Sie EINS sein mit dem Ewigen, dem Grenzenlosen. Sobald Sie versuchen, das zum Wissen zu machen, ist es nur noch eine Information im Gedächtnis, hat es aufgehört zu sein. Wissen ist Vergangenheit und damit tot. Wirklichkeit offenbart sich nur im JETZT, indem Wissen ohne Bedeutung ist. Entweder wir denken über etwas nach, oder wir erleben es, indem wir hinein gehen.

Über etwas nachzudenken bedeutet, den Kontakt damit zu verlieren. Erst wenn Sie aufhören nachzudenken, wird wahres SEIN möglich. Von einem Augenblick zum anderen gibt es nur noch Bewusstsein, das Bewusstsein des NICHTS, kein Wissen, keine Vergangenheit und kein Ziel. Kein Erkennen und kein Erkanntes, nur reines, leeres SEIN. Dahin gibt es keinen Weg, keine Methode. Entweder Sie erinnern sich, Sie besinnen sich auf sich SELBST, oder eben nicht.

Zur eigenen Größe erwachen

Der vielleicht wichtigste Schlüssel zum Glück ist, die »Selbstvergessenheit« zu beenden und die »Wiedervereinigung mit sich selbst« zu vollziehen. Sich selbst in sich selbst zu begegnen. Damit beginnt die Erforschung unbekannter Möglichkeiten der Existenz und das ICH BIN bestimmt das Ziel, die Schritte und den Weg. Nicht mehr nachdenken über das Leben, sondern es in seiner ganzen Vielfalt und Tiefe zu erleben.

Das heißt auch, den »Weg der spielerischen Veränderung« zu gehen, denn das Leben meistert man spielend, oder überhaupt nicht. Immer vollkommener zu werden, indem man einfach nur loslässt, was nicht mehr »stimmt«. Sobald Sie alles Unvollkommene losgelassen haben, sind Sie vollkommen. Dann werden auch Fähigkeiten und Kräfte bewusst, von denen Sie vorher nicht einmal geträumt haben. Und es ist das Ende des Leidens, weil niemand mehr da ist, der leiden könnte. Die »Illusion des ICH« ist aufgelöst und das Geheimnis des Glücks zeigt sich unmittelbar als ICH BIN.

Endlich nur noch und ganz der zu sein, der ich wirklich BIN, immer war und immer sein werde. Alle Illusion, alles Falsche einfach loslassen, mühelos, selbstverständlich. Die individuelle Evolution ist abgeschlossen und Sie leben »angekommen«. Die »Ästhetik des Handelns« tritt in den Vordergrund das Denken wandelt sich zur Wahrnehmung und die Vollkommenheit des Seins heiligt alles Tun. Es ist mehr als Glück, es ist in Wahrheit – SEIN!

Das »Meisterspiel«

Ein interessanter Weg, das eigene Leben reicher und erfüllender zu machen, ist das Meister-Spiel. Tun Sie doch einfach so, als seien Sie bereits ein Lebensmeister. Wie würde sich ein solcher Lebensmeister fühlen? Indem Sie Ihr Bewusstsein darauf richten, beginnen Sie sich so zu fühlen. Welche Gespräche würde ein Meister führen? Führen Sie doch gleich einmal ein Meister-Gespräch. Und wenn Sie eine Frage haben, machen Sie sich einmal bewusst, welche Antwort ein Meister auf diese Frage hätte und finden Sie die Antwort in sich. Fangen Sie mit diesem Spiel gleich Morgen an und erwachen Sie einmal bewusst als Meister. Stehen Sie als Meister auf, duschen Sie als Meister und ziehen Sie sich als Meister an. Frühstücken Sie einmal als Meister, selbst wenn Sie das gleiche essen, wie bisher, wird es ein ganz anderes Frühstück und vielleicht wollen Sie von nun an IMMER als Meister frühstücken. Und warum nur frühstücken, vielleicht beginnen Sie so mehr und mehr als Meister zu leben, zu denken zu fühlen zu reden und zu handeln. Und ohne, dass Sie es merken, werden Sie so immer mehr zu einem wahren Meister. Erkennen Sie Ihren Meisterberuf und fangen Sie an, als dieser Meister Ihr Leben und Ihr Schicksal zu bestimmen, denn ein Meister sorgt natürlich dafür, dass sein Leben auch wirklich »stimmt«. Und natürlich ist ein Meister ein idealer Partner. Fangen Sie doch gleich einmal damit an. Überraschen Sie sich und Ihren Partner als Meister. Machen Sie so Ihr Leben zu einem Meisterwerk, das Sie jeden Tag immer noch reicher, stimmiger und erfüllender macht. Und irgendwann brauchen Sie nicht mehr so zu tun, als seien Sie ein Meister, weil Sie ganz unmerklich einer geworden sind – der, der Sie immer schon waren.

Die »GESETZE DES ERFOLGS«

Das »unfehlbare Erfolgs-System«.

Wir nennen diese Welt KOSMOS, das bedeutet Ordnung. Diese Ordnung entsteht durch bestimmte Gesetzmäßigkeiten, denen wir alle unterliegen. Es ist wie bei den Verkehrsregeln. Auch die sind unsichtbar, aber sehr wirksam und ermöglichen es uns, die Verhaltensweisen anderer vorherzusehen. Gäbe es diese Regeln nicht, wäre in wenigen Minuten ein Chaos auf den Straßen. Auch der Erfolg gehorcht solchen unsichtbaren Gesetzmäßigkeiten, die aber über Erfolg oder Misserfolg bestimmen. Bevor jemand etwas unternimmt, steht bereits fest, wie es ausgeht und vieles könnte man sich Ersparen, weil es so gar nicht zum Erfolg führen kann. Kenne ich aber diese Gesetzmäßigkeiten, kann ich die richtigen Ursachen setzen, um zuverlässig die erwünschten Wirkungen zu schaffen. Sie werden vorhersehbar und der Erfolg wird »unvermeidbar«.

Machen wir uns daher einmal die »Gesetze des Erfolgs« bewusst:

- Die wichtigste Ursache für Ihren Erfolg sind Sie selbst.
- Also sollten wir das »Werkzeug Mensch« optimieren.
- Eine »gewinnende Persönlichkeit« werden.
- Seine Stimme, die »hörbare Visitenkarte« trainieren.
- Ganz bewusst sympathisch sein.
- Sein Selbstbild bewusst machen und optimieren.
- Was halten Sie von sich?
- Welchen Eindruck hätten Sie von sich, wenn Sie sich vorgestellt würden?
- Was sind Ihre wesentlichen Eigenschaften?
- Kennen Sie Ihre wirkungsvollsten Überzeugungen?
- Bestimmen Sie bewusst Ihre Ausstrahlung – Ihr Charisma.
- Schaffen Sie sich eine Aura des Erfolgs.
- Erkennen und beachten Sie die »Gesetze des Erfolgs«.

Im Grunde ist jedes Unglück
gerade nur so schwer, wie man es nimmt.

Im Einklang mit sich SELBST

Immer gut, richtig, erfolgreich, überlegen, weise, reich und voller Liebe sein zu wollen, ist wie Sonnenschein, Tag für Tag. Es ist nicht nur unmöglich, es ist auch langweilig. Warum schauen Sie sich denn einen spannenden Film an? Warum wollen Sie nicht einen erleben? Ihr Leben ist spannend. Es gibt keine Münze mit nur einer Seite. Aber es gibt einen einfachen Weg zum Glück – Liebe. LIEBEN SIE! Lieben Sie da, wo Sie sind, sich so, wie Sie sind und das, WAS IST, so sehr Sie können. Das ist das Beste, was Sie tun können und es funktioniert immer und bei jedem. Und nichts ist weiser, als zu lieben. Und tun Sie einfach das, was »stimmt« jetzt und hier. Mehr ist nicht zu tun. Verschwenden Sie nicht Ihre Zeit damit, etwas zu verändern, tun Sie einfach das, was JETZT stimmt. Alles andere ergibt sich daraus ganz von selbst. Ob Sie das Leben als eine Last ansehen, oder als eine Chance erkennen, hängt nicht von den Umständen ab, sondern von IHRER Haltung. Wenn Sie ein Problem suchen, werden Sie auch eines finden. Und wenn Sie eine Lösung suchen, werden Sie eine Lösung finden. Aber wozu? Zwischen Ihnen und der Erfüllung steht nur Ihr »ICH«. Ohne »ICH« ist alles ganz einfach. Wenn Sie aufhören, in etwas ein Problem zu sehen, hört es auf, ein Problem zu sein. Wir wollen, dass die Umstände unser Sein bestimmen, aber in Wirklichkeit bestimmt unser Sein die Umstände. Die ganze Welt ist ein Spiegel und jeder begegnet immer nur sich selbst. Was geschieht, ist nicht wichtig, wichtig ist, wie SIE damit umgehen. Der einzige Weg, ein glücklicher Mensch zu sein, ist ein glücklicher Mensch zu sein.

*Es ist wirklich unglaublich,
was man alles schafft – wenn man
nichts anderes tut.*

IHR PERSÖNLICHES PROGRAMM FÜR EIN GLÜCKLICHERES LEBEN

Glück bedeutet für jeden Menschen etwas anderes, deswegen ist es zunächst einmal wichtig, dass Sie Ihre persönliche Form von Glück exakt definieren, damit das Ziel klar ist. Wenn Sie dann genau wissen, welche Form von Glück Sie anstreben, dann wählen Sie aus den Regeln dieses Buches SIEBEN aus. Die SIEBEN ist eine ganz besondere Zahl. Die Woche hat sieben Tage und Gott hat die Welt in sieben Tagen geschaffen. Alle sieben Jahre beginnt ein neuer Lebensabschnitt und so könnten Sie jeden Tag eine der von Ihnen ausgewählten Regeln wählen, um diesen Tag zu bestimmen und versuchen, danach zu leben. Aus dieser Regel heraus zu leben und den Tag danach zu gestalten. Und nach sieben Tagen beginnen Sie wieder von vorne. Und nach SIEBEN MAL SIEBEN Tagen ziehen Sie Bilanz und dann sollte Ihr Leben schon sehr viel glücklicher geworden sein, durch Ihren persönlichen Weg zum Glück. Dabei werden Sie feststellen, dass sich aus jeder Regel Ihre ganz persönlichen Konsequenzen ergeben, Ihre persönliche Art, diese Regel zu verwirklichen. Das könnte Ihr ganzes Leben verwandeln und das Schöne ist, es könnte in DIESEM Augenblick beginnen. Fangen Sie einfach an, denn Sie wissen nicht, wozu Sie fähig sind, solange Sie es nicht erlebt haben. Lassen Sie sich von sich Selbst überraschen, und wachsen Sie ruhig über sich selbst hinaus. Erkennen Sie dabei Ihre eigene Größe, Ihr WAHRES SEIN! Fangen Sie an zu leben, als der, der Sie WIRKLICH sind!

Literaturverzeichnis:

Prof. Dr. Kurt Tepperwein:

»Ich habe in meinem Leben einige tausend Bücher gelesen und lese heute noch jeden Tag ein Buch. Das Lesen hat mein Weltbild verändert und mein Bewusstsein erweitert und unzählige Bücher haben sicher einen Einfluss auf den Inhalt dieses Buches gehabt, ohne das ich das im Einzelnen sagen könnte. Ein Literaturverzeichnis müsste daher so umfangreich werden, das es den Rahmen dieses Buches überschreiten würde, weshalb ich mich entschlossen habe, darauf zu verzichten.«

Sollten Sie eine Frage haben, oder einen Hinweis brauchen, schreiben Sie uns. Sie können sicher sein, dass wir alles tun werden, Ihnen wirksam zu helfen.

Wenden Sie sich an folgende Anschrift:

Tepperwein Collection GmbH
Kaiser-Franz-Josef-Str. 61a, A-6845 Hohenems

E-Mail: info@tepperwein.at
www.tepperwein.at